Colmar
1869

Chevalier, Ulysse (éd.)

Notice analytique sur le cartulaire
'Aimon de Chissé aux archives de
l'évêché de Grenoble

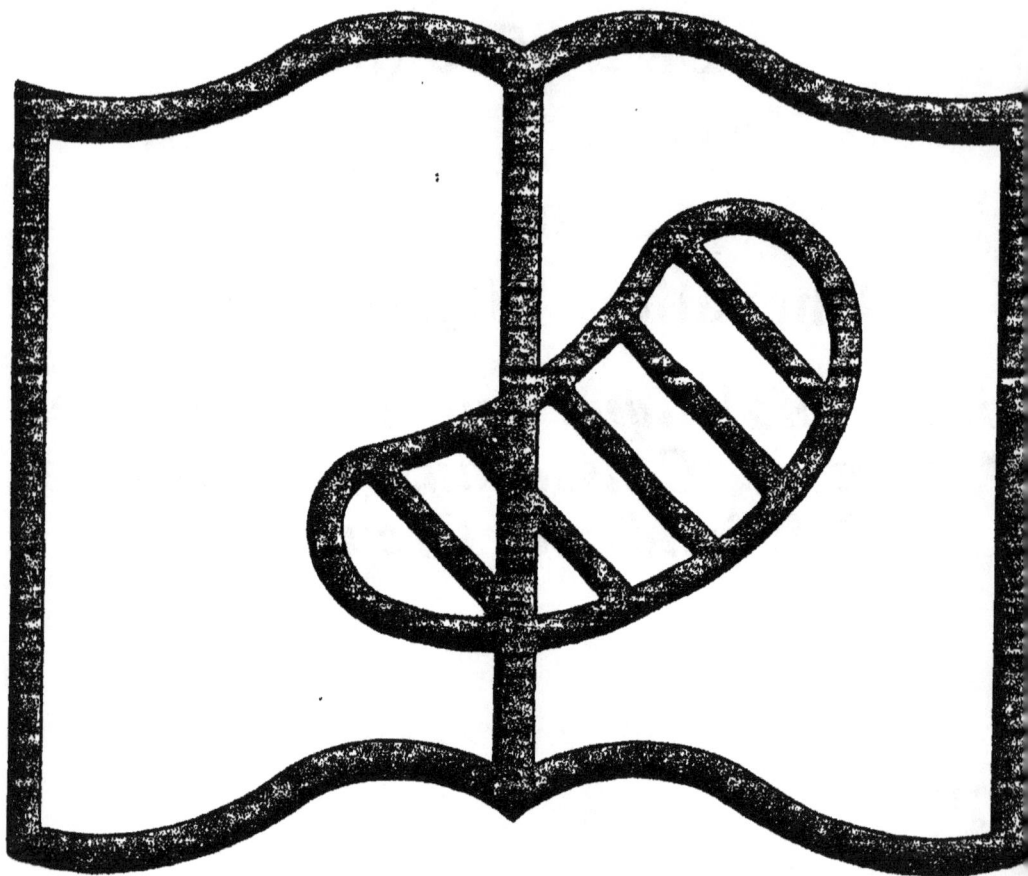

Symbole applicable
pour tout, ou partie
des documents microfilmés

Original illisible

NF Z 43-120-10

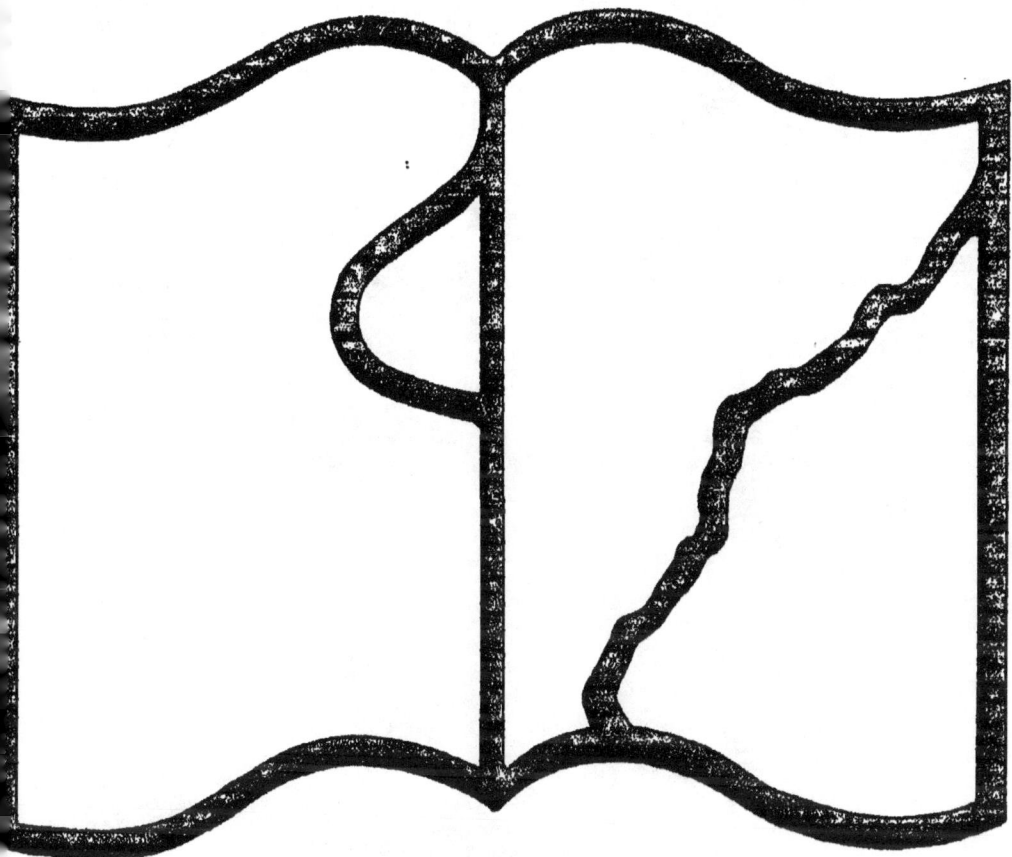

**Symbole applicable
pour tout, ou partie
des documents microfilmés**

Texte détérioré — reliure défectueuse

NF Z 43-120-11

DOCUMENTS HISTORIQUES INÉDITS SUR LE DAUPHINÉ

TROISIÈME LIVRAISON

NOTICE ANALYTIQUE

SUR LE

CARTULAIRE

D'AIMON DE CHISSÉ

AUX ARCHIVES DE L'ÉVÊCHÉ DE GRENOBLE

AVEC NOTES, TABLE ET PIÈCES INÉDITES

PAR

C.-U.-J. CHEVALIER

Prêtre

Correspondant du Ministère de l'instruction publique

pour les Travaux historiques et archéologiques

COLMAR

IMPRIMERIE DE CH.-M. HOFFMANN

IMPRIMEUR DE LA PRÉFECTURE

MDCCCLXIX

DOCUMENTS HISTORIQUES INÉDITS
SUR LE DAUPHINÉ.

NOTICE ANALYTIQUE

SUR LE

CARTULAIRE

D'AIMON DE CHISSÉ

AUX ARCHIVES DE L'ÉVÊCHÉ DE GRENOBLE

AVEC NOTES, TABLE ET PIÈCES INÉDITES

PAR

C.-U.-J. CHEVALIER

Prêtre

Correspondant du Ministère de l'Instruction publique
pour les Travaux historiques et archéologiques

COLMAR

IMPRIMERIE DE CH.-M. HOFFMANN

IMPRIMEUR DE LA PRÉFECTURE

MDCCCLXIX

NOTICE ANALYTIQUE

SUR LE

CARTULAIRE D'AIMON DE CHISSÉ

AUX ARCHIVES DE L'ÉVÊCHÉ DE GRENOBLE.

Sans avoir l'importance et la réputation de ceux de saint Hugues, le Cartulaire dont on doit la rédaction à Aimon de Chissé, un des plus dignes successeurs de ce grand prélat sur le siége de Grenoble, n'en mérite pas moins d'attirer de nos jours l'attention des érudits; il a eu déjà l'honneur d'être compulsé par ceux qui nous ont précédé dans la carrière historique, Chorier, Guy Allard et Valbonnais, dont les recherches studieuses s'exerçaient au centre des archives de l'ancien Dauphiné.

Aimon Iᵉʳ DE CHISSÉ (de Chissiaco), évêque de Grenoble de 1388 à 1427, eut la pensée conservatrice de faire réunir dans un volumineux Cartulaire en parchemin les documents relatifs à son siége, dont les archives épiscopales possédaient les originaux à partir de 1156, c'est-à-dire de l'époque approximative où Hugues II fit insérer dans le troisième des Cartulaires qui ont continué à porter le nom de son oncle, les actes postérieurs aux recueils entrepris par celui-ci. La transcription ordonnée par Aimon fut commencée au mois de mai 1414, comme l'indique expressément le passage suivant du préambule : Sequntur lictere registrate ad plenum et copiate in libro pergameni facto ad opus domini nostri episcopi Gracionopolis, de licteris et monumentis episcopatus Gracionopolis in archivis episcopalibus existentibus, de mandato ipsius domini episcopi, in anno (M)IIIIᶜ XIIII incoactus grossari, de mense maii, per Guerinum

Brochardi clericum, coadjutorem Anth(onii) Actuherii, secretarii dalphinalis. *Qu'est actuellement devenu ce recueil diplomatique, encore à la disposition des savants au siècle dernier ? on l'ignore en Dauphiné. A-t-il été détruit au milieu de la tourmente révolutionnaire et sa perte doit-elle être considérée comme irréparable ? Nous ne saurions, pour notre part, nous arrêter à cette pénible pensée ; bien qu'il ne nous ait pas été donné d'en rencontrer la mention dans aucun des catalogues de manuscrits compulsés par nous, nous conservons toujours l'espoir que sa découverte inopinée, dans quelque coin ignoré ou dans une bibliothèque jalouse, viendra bientôt donner aux érudits dauphinois un plaisir semblable, si non égal, à celui que leur fit éprouver, il y a quatre ans, la nouvelle que le* Cartulaire de Saint-Barnard de Romans, *après être demeuré enseveli pendant plus de soixante ans dans un bahut poudreux, venait enfin d'être rendu à la lumière et à la science.*

Toutefois, hâtons-nous de le dire, la perte du Cartulaire original d'Aimon de Chissé serait loin d'être sans remède. En effet, quelque années après sa rédaction, le prévoyant prélat en fit faire une transcription sur papier, qui a heureusement bravé l'injure du temps pour parvenir jusqu'à nous. Cette copie, en forme authentique, puisqu'elle est précédée d'un Vidimus libri primi domini episcopi super privilegiis, licteris et instrumentis in archivis episcopalibus existentibus, *en date du 10 décembre 1417, indiction 10e, forma à l'origine comme de nos jours un énorme volume in-4o, en papier vergé, dont les cahiers sont cousus sur une feuille de parchemin; il a reçu successivement diverses cotatures : Z ii, no 3 x et autres. On y compte en tout 656 feuillets, chiffrés en romain à une époque à peu près contemporaine de la transcription; ils ne sont malheureusement plus au complet, et l'absence des feuillets 126 à 172 a été cons-*

taíée bien avant nous ; ils n'ont pu jusqu'ici être retrouvés, mais il faut observer que, des douze actes qu'ils renfermaient, neuf seulement sont inédits ou n'existent point ailleurs.

Les archives de l'évéché de Grenoble, à qui appartient cette copie, ont conservé un autre souvenir du Cartulaire original d'Aimon de Chissé : c'est un double sur papier de la Table méthodique qui en avait été rédigée et qui fut sans doute transcrite, sous forme de rubriques, en téte du volume. C'est actuellement un cahier de 20 feuillets, plus ou moins endommagés, couvert d'une feuille de parchemin, sur le plat de laquelle on lit ce titre latin : Repertorium instrumentorum et licterarum magni libri, et cet autre en français : « Un livre contenant Repertoire ou table des instruments ou lettres de l'Euesche de Grenoble contenus au grand livre dudit Euesche, avec designation des lieux et feuillets » ; il a reçu diverses cotes successives.

C'est ce précieux reste du Cartulaire d'Aimon de Chissé que nous publions dans cet opuscule. Comme tous les documents que nous mettons au jour, il est reproduit ici dans son entière originalité ; nous l'avons enrichi de diverses additions : d'abord deux séries numériques, l'une pour les chapitres, l'autre pour les articles qu'ils comprennent ; on trouvera invariablement au-dessous de chaque article : a) une lettre majuscule suivie d'un chiffre romain, indication, selon toute apparence, de la cote de la charte originale ; b) le feuillet correspondant du Cartulaire original ; c) le n° d'ordre de la pièce dans celui-ci ; d) le feuillet du Cartulaire copie ; e) la date certaine ou approximative de la charte. Vient ensuite, s'il y a lieu, l'indication des sources manuscrites et imprimées dans lesquelles la pièce en question se trouve reproduite intégralement ou par extrait, ainsi que des ouvrages où elle est particulièrement mentionnée. Ces divers renseignements permettront au lecteur de constater : 1° que l'ordre de

— 6 —

transcription n'est pas le même dans la copie que dans l'original,
et que celui-ci comprend en moins les nos 137 à 158; 2° que
l'ordre chronologique n'a pas plus été observé dans le Cartulaire
que dans la Table; 3° que celle-ci a été rédigée méthodiquement,
en descendant du général au particulier. — Le document est
encore complété par une Table alphabétique de nature à faciliter
les recherches sur un sujet donné; nous y avons inséré quelques
notes chronologiques et géographiques.

Nous serions heureux d'espérer que cette Notice sur un des
plus vénérables recueils diplomatiques du Dauphiné aura pour
résultat prochain la mise au jour des pièces inédites qu'il ren-
ferme. Quant à son impression intégrale, tout en laissant à
d'autres le soin de décider à cet égard, nous la croirions trop
dispendieuse et en somme relativement peu profitable à la science.
Il y a mieux à faire assurément que de publier la copie d'une
copie de pièces, ou déjà éditées assez exactement, ou de dates ré-
centes et partant de moindre intérêt, c'est de mettre au jour avec
méthode les nombreuses chartes des XIIe et XIIIe siècles, non
signalées jusqu'ici, dont les originaux subsistent encore.

Comme avant-goût à cette publication, nous donnons en appen-
dice à cette Notice quelques pièces inédites extraites du Cartulaire d'Aimon de Chissé, qui nous ont paru offrir plus d'intérêt
et dont nous ne connaissons pas de meilleur texte. Leur petit
nombre et les notes dont nous les avons accompagnées nous dis-
penseront de les faire suivre d'un index alphabétique.

En terminant, nous devons témoigner notre reconnaissance à
Mgr l'évêque de Grenoble pour l'empressement avec lequel il a
daigné, sur la demande de son secrétaire général, M. l'abbé
Auvergne, mettre à notre disposition le document que nous nous
sommes proposé de faire connaître au public érudit.

Romans, 28 mars 1869.

REPERTORIUM

SEU

TABULA INSTRUMENTORUM ET LITTERARUM
EPISCOPATUS GRACIONOPOLIS

IN MAGNO LIBRO DICTI EPISCOPATUS INSERTORUM, CUM DESIGNATIONE
LOCORUM ET FOLIORUM.

1. DE LICTERIS PRIVILEGIORUM IMPERIALIUM.

Et primo, bulla imperialis sigillata sigillo aureo, emanata a domino Frederico imperatore, concessa domino Gaufredo episcopo Gracionopolitano, data anno Dominice Incarnationis millesimo CLXI, in qua continetur quod dictus dominus imperator dictum dominum episcopum ejusque ecclesiam suscipit sub protectione imperiali et confirmat eidem regalia et factum Sancti Donati et omnia que acquisivit et acquirere poterit.

A. 1, (folio 1); prima lictera, f° primo : 1161. — Mss. Original (n° 40 A, 11 lig., s. bul.) aux archives de l'évêché de Grenoble ; FONTANIEU, Hist. de Dauph., Preuv. t. II, p. 285 (n° 29 de notre Notice). — Ed. PÉRARD, Recueil hist. Bourg., p. 240. — Trad. A. DU BOYS, Vie de St. Hug., p. 343-4. — Cf. Bréquigny, Table, III, 300.

2. Item, alia bulla imperialis domini Frederici sigillo aureo sigillata, data et concessa Johanni episcopo Gracionopolitano, anno Domini M°C.LXXVIII, in qua dictus dominus episcopus nominatur princeps imperii et suscipitur una

cum ecclesia sua et bonis suis presentibus et futuris in protectione imperiali, et confirmat dominus imperator dicte ecclesie Gracionopolitane regalia a castro Belle Combe inferius in utraque parte Ysare, per totum episcopatum in civitate et extra civitatem.

A. ii, (f° ij) ; ii° lict., f° ij : 20 août 1178. — Mss. *Original* (n° 40 Abis, 25 l., s. bul.) aux mêmes archives ; voir les n°° 3 et 4. — Ed. Pérard, op. cit., p. 446 ; voir les n°° 3 et 4.

3. Item, alia bulla imperialis concessa per dominum Fredericum II°°° imperatorem Petro episcopo Gracionopolitano, sigillo aureo sigillata, data anno Dominice Incarnationis M°CC.XXXVIII, mense aprilis concessa, in qua inseritur bulla imperialis inmediate precedens, que confirmatur ibi per dictum dominum imperatorem.

A. iii, (f° iij) ; iii° lict., f° iij : avril 1238. — Mss. *Original* (n° A iii, 29 1/2 l., s. bul.) aux mêmes archives ; Fontanieu, op. cit., Preuv. t. II, p. 345 (n° 36 de notre *Notice*). — Ed. Huillard-Bréholles, *Hist. dipl. Fred. II*, t. V, p. 189-92. — (¹).

4. Item, alia bulla imperialis emanata a domino Karolo IIII° Romanorum imperatore et Boemie rege, concessa domino Rodulpho episcopo Gracionopolitano, data Prage anno Domini M°CCC.LXI°, inditione xiiii°, viii° kalendas augusti, in qua inseritur privilegium domini Frederici concessum domino episcopo Gracionopolitano anno Dominice Incarnationis M°CLXXVIII et confirmatur ibidem per dictum dominum Karolum IIII°, et tangit salvam gardiam, regalia et castrum Sancti Donati et alia de quibus supra fit mencio.

A. iiii, (f° iiij) ; iv° lict., f° iiij v° : 25 juillet 1361. — Ms. *Original* (38 l., s. bul.) aux mêmes archives. — Ed. A. du Boys, op. cit., p. 490-3.

5. Item, alia lictera sigillata quodam sigillo confecto in cera, emanata a Berardo comite Laureti et imperiali vicario, que incipit « Berardus Dei gratia » etc., concessa Petro episcopo Gracionopolitano super subventione sibi fienda per illos qui tenent ab eo regalia, data Romanis xvi febroarii,

(1) M. Hauréau indiquant ce diplôme (*Gallia Christ.*, XVI, 242) renvoie au *Chartul. Delphin. Viennens.*, où il n'en est nullement question (voir notre *Notice* sur ce ms.).

xɪɪᵃ inditione, et dirigitur Beatrisie, comitisse Viennensi et Albonensi, et Guigoni dalphino ejus filio et Guilhermo comiti Gebennarum et ceteris baronibus a castro de Bella Comba inferius, quod contribuant in expensis dicti domini Petri episcopi Gracionopolitani, qui pro fide Xpistiana contra infideles in Lombardia existentes mandatus per dominum imperatorem accesserat.

A. xɪɪ, (fᵒ eod.); vᵃ lict., fᵒ vj : 10 février (1239). — Ed. Voir la pièce annexe nᵒ X. — Cf. Valbonnais, Hist. de Dauph., II, 64 a.

II. DE LICTERIS TANGENTIBUS CIVITATEM GRACIONOPOLIS, CASTRUM DE PLANA ET DE SANCTO MARTINO VINOSO.

6. Et primo, quedam lictera que incipit « Cum Hugo Divionensis », continens concordiam factam inter dominum Hugonem predictum, nomine suo et domine comitisse Albonis ejus consortis, dalphine Viennensis, et dominum Johannem episcopum Gracionopolitanum, super castro Plane et ampliatione domus episcopalis Gracionopolis et edificatione molendini, et super facto nundinarum et mensurarum Gracionopolis, data anno Domini MᵒCLXXXIIII°.

A. xɪɪɪ, fᵒ v(²); vɪᵃ lict. A, fᵒ vij : 1184. — Ms. Voir le nᵒ 10. — Edd. Valbonnais, op. cit., t. I, p. 181; Haureau, Gal. Christ., t. XVI, instr. c, 90-1.

7. Item, quedam lictera que incipit « Nos Humbertus dalphinus Viennensis et Albonis comes », continens transactiónem et concordiam factas inter ipsum dominum Humbertum dalphinum ex parte una et dominum Guilhermum episcopum Gracionopolitanum ex alia, de et super limitibus et jurisdictione Gracionopolis et edificatione castrorum Sancti Yllarii et de Balma, ac certis aliis negociis, data anno Domini MᵒCCᵒLXXXXIII, mense septembris, et tribus sigillis impendentibus sigillata.

A. vɪ, fᵒ eod.; vɪɪᵃ lict. B., fᵒ x : septembre 1293. — Ed. Valbonnais, op. cit., t. II, p. 70-1. — Cf. Bréquigny, VII, 363.

(2) Nota. Hic debet fieri mencio de fossatis civitatis que sunt communia inter dom. dalphinum et dom. episcopum, ideo advertatur; sed non hic, ymo A. vɪɪɪ, ɪxᵃ lict., fᵒ vij fit dicta mencio in fᵒ ɪx de dict. fossatis et fortificatione civitatis.

8. Item, alia lictera que incipit « Nos Guillermus Dei gratia episcopus Gracionopolitanus » etc., continens pactiones habitas inter dominum Johannem dalphinum Viennensem et Albonis comitem dominumque de Turre, ex parte una, et dictum dominum Guilhermum episcopum Gracionopolitanum, ex alia, de et super limitibus territorii et civitatis Gracionopolis et jurisdictione ejusdem, in qua agitur de familiaribus et officiariis dicti domini episcopi in ejus jurisdictione insolidum remanentibus, et de libertatibus hominum episcopalium de Curnillione et de jurisdictione Sancti Martini Vinosi, data Gracionopoli die penultima mensis novembris anno Domini MᵒCCCXIIIᵒ.

A. vii, fᵒ vj; viiiᵉ liet. C, fᵒ xxvj : 29 novembre 1313. — Ms. *Livre de la Chaine* (mairie de Grenoble), fᵒ cccii xxj.

9. Item, quoddam publicum instrumentum quod incipit « In nomine Domini, amen; noverint universi et singuli » etc., continens pactiones, transactionem et concordiam factas inter dominum Humbertum dalphinum Viennensem ex parte una et dominum Johannem episcopum Gracionopolitanum ex alia, de et super curiis dalphinalibus tenendis Gracionopoli et jurisdictione causarum prophanarum officialis Gracionopolis et fortifficatione civitatis, ac de fossatis ejusdem civitatis ac donatione parrochie Herbeysii, cum fidelitate quam inde debet facere dominus episcopus domino dalphino, confectum per Henricum Garini et Johannem Mathei notarios publicos, sub anno Domini MᵒCCCᵒXLIII, inditione xi, die iiiᵃ mensis junii.

A. viii, fᵒ vlj; ixᵉ liet. D, fᵒ xxxj : 3 juin 1343. — Mss. Voir les nᵒˢ 10 et 11. — Ed. VALBONNAIS, *Mém.*, p. 400-5; *Hist.*, t. II, p. 468-72.

10. Item, bulla papalis que incipit « Clemens episcopus, servus servorum Dei », sigillata bulla plumbea, continens confirmationem instrumenti novissime designati et pactionum in eodem scriptarum, factam per dictum dominum papam Clementem, que bulla data est Avinione, idus februarii, pontificatus dicti domini pape anno secundo.

A. ix, fᵒ xj; xᵉ liet. E, fᵒ xlviij : 13 février 1344. — Mss. *Chartul. civit. Gratianop.*, fᵒ 136 vᵒ (nᵒ 24 de notre *Notice*); voir le nᵒ 11. — Ed. VALBONNAIS, *Mém.*, p. 495; *Hist.*, t. II, p. 472.

11. Item, quedam lictera regia et dalphinalis que incipit « Karolus Dei gratia Francorum rex et dalphinus Viennensis », in qua inseruntur lictere domini Johannis Francorum regis et domini Karoli ejus primogeniti, dalphini Viennensis, confirmatorie dictarum ultimarum pactionum habitarum inter dominum Johannem episcopum Gracionopolitanum et dominum Humbertum dalphinum, in quibus lictteris confir-matoriis insertum est ad plenum instrumentum dict. pactionum confectum per Henricum Garini et Johannem Mathei notarios, nec non bulla papalis supra designata confirmatoria dictarum pactionum, emanata a domino Clemente papa VI°; que quidem lictera regia et dalphinalis data fuit Parisius anno Domini M°CCC°LXXXI° et regni dicti domini regis anno primo, mense maii, sigillata cera viridi.

A. xj, f° xliij ; xia. lict. F., f° lvij v° ; mai 1381. — Voir les n°° 9 et 10.

12. Item, aliud publicum instrumentum grossatum manu Johannis Bermundi notarii vigore commissionis sibi facte de prothocollis Francisci Bermundi notarii condam, continens juramentum fidelitatis prestitum per consules et cives Gracionopolis dicto domino Karolo dalphino, Francorum regis primogeniti primogenito, et domino Johanni episcopo Gracionopolis, anno Domini M°CCC°L™°, inditione tercia et die viij° mensis febroarii.

B. xxiiii, f° xxiij ; xviie lict,, f° iiij°° lj ; 8 février 1350. — Ms. Chartul. civit. Gratianop., f° 50 v° (n° 6 de notre Notice) ; Livre de la Chaine, ff°° lxvij et ccxxix v°.

13. Item, quedam alia lictera que incipit « Cum Hugo dux Divionensis », continens transactionem factam inter ipsum Hugonem, nomine uxoris sue comitisse Albionensis, et dominum Johannem episcopum Gracionopolitanum, super facto Plane et nundinarum Gracionopolis et domus episcopalis augmentatione ac molendinorum constructione et exactionibus quibuscumque non faciendis ulterius, famulis et hominibus ecclesie Gracionopolitane, data anno Domini M°CLXXXiiii°, cujus similis est iterum superius signata per VI.

A. xiii, f° xxxv ; xia. lict. B, f° viia. viij ; 1184. — Voir au n° 6.

14. Item, quedam alia lictera que incipit « Venerabili patri », in qua continetur quod dictus dominus Hugo, dux Divionensis, supplicat domino nostro pape Lucio ut dictam transactionem confirmare dignetur; que est annexa lictere precedenti.

A. xii, f° xxxvj ; xxiia lict. I, f° viii ix ; (1184-5). — Ed. Valbon-nais, Hist., t. I, p. 181-2.

15. Item, quedam alia lictera que incipit « Lucius epis-copus, servus servorum Dei » etc., continens confirmationem dicte transactionis factam per dominum Lucium papam, data Verone, idus Junii.

A xiiii, f° eod ; xxiiie lict. K, f° viii xv : 13 juin (1185). — Ed. Val-bonnais, Hist., t. I, p. 182. — Cf. Jaffé, Reg. Pont. Rom., n° 9758.

16. Item, quedam alia lictera que incipit « Urbanus epis-copus, servus servorum Dei », continens confirmationem dicte transactionis factam per ipsum dominum Urbanum papam ad supplicationem dicti domini Johannis episcopi Gracionopolis, data Verone, ii kalendas martii, in qua in-seritur dicta transactio ad plenum.

A. xv, f° eod.; xxiiie lict. L, f° viii ix : 28 février (1186-7). —

17. Item, quedam lictera que incipit « In nomine Domini nostri Jhesu Xpisti », data anno Incarnationis ejusdem M°CC.XXVII, continens concordiam factam inter bone me-morie dominum Soffredum episcopum Gracionopolitanum et Eymericum de Brianczone, de et super contradictione et oppositione quas faciebat dictus Eymericus dicto domino episcopo super edificiis castri de Plana, sigillata tribus si-gillis.

F. i, f° xxxvij ; xxve lict. M, f° viii x : 6 mars 1228. —

18. Item, quedam alia lictera que incipit « In nomine Domini nostri Jhesu Xpisti, anno Incarnationis ejusdem Domini M°CCXXVII, nonas martii », continens penas quas in se suscepit dictus Eymericus de Brianczone casu quo non actenderet contenta in dicta concordia.

F. x, f°eod.; xxvie lict. N, f° viii xiij : 6 mars 1228. —

19. Item, alia lictera que incipit « In nomine Domini nostri Jhesu Xpisti, anno Incarnationis ejusdem Domini M°CCXXVIII°, xiii° kalendas novembris », continens ratifi-

cationem dicte concordie factam per Guigonem de Brianczone, patrem dicti Eymerici.

F. x.. f° eod. ; xxvii° lict. O, f° vi°x xiiij : 20 octobre 1228. —

20. Item, alia lictera que incipit « Ne in oblivione » etc.,
data anno Domini M°CC°LXXXXI°, continens transactionem
factam inter dominum Guilhermum episcopum Gracionopolitanum et prepositum ac capitulum ecclesie Sancti Andree Gracionopolis super parrochia Sancti Martini Vinosi,
in qua agitur quod jurisdictio sit communis, quod officiarii
communiter ponantur, quod homagia communiter recipian-
tur, quod mansus Bertrandi sit insolidum de feudo domini
episcopi et mansus Choleti sit insolidum de feudo ecclesie
Sancti Andree, et de pluribus aliis.

G. xvii, f° lxij ; xxxix° lict. P, f° xii°x xiij : 21 janvier 1291. — Ed.
VALBONNAIS, *Hist.*, t. I, p. 136-7. — Cf. Bréquigny, VII, 339.

21. Item, quedam alia lictera que incipit « Nos Petrus de
Vado », data anno Domini M°CCC°VI°, continens qualiter
domini prepositus et capitulum Sancti Andree Gracionopolis voluerunt quod certi census per capitulum acquisiti es-
sent communes inter dominum episcopum et dictum capitulum in dicta parrochia Sancti Martini.

G. xvi, f° lxij ; xl° lict. O, f° xii°x xv v° : 30 mai 1306. —

22. Item, quedam alia lictera que incipit « In nomine sancte
et individue Trinitatis », data anno Domini M°CC°XLIIII°,
continens certas libertates concessas civibus Gracionopolis
per dominum Soffredum episcopum Gracionopolitanum et
dominum Andream dalphinum Viennensem, in quibus inter
cetera agitur de limitibus territorii Gracionopolis et de fidelitate quam debent prestare cives et habitatores dicte civitatis condominis predictis et de penis taxatis pro criminibus
et offensis commictendis.

B. ii, f° lxiij ; xli° lict. R, f° xii°x xvj : 1er août 1244. — Mss. *Original*
aux archives de la Préfect. de l'Isère; *Chartul. civit. Gratianop.*, f° 4
(n° I,8 de notre *Notice*) ; *Livre de la Chaine*, ff°° xvj v° et lxxv. — Ed.
VALBONNAIS, *Mém.*, p. 25-6 ; *Hist.*, t. I, p. 22-3. — Trad. PILOT,
Hist. de Gren., p. 277-80. — Cf. Bréquigny, VI, 04.

23. Item, quedam bulla papalis que incipit « Alexander
episcopus, servus servorum Dei », concessa domino Johanni
episcopo Gracionopolitano, ut nulli liceat feudum ecclesie

Gracionopolis vendere vel alienare sine licencia domini episcopi.

A. xli, f° lxxvij (⁵) ; lixᵃ liet. S, f° iiiᵉ vij : 27 février (1168-7). — Ed. Voir la pièce annexe n° III.

24. Item, quedam lictera concessa per bone memorie dominum Johannem dalphinum Viennensem, anno Domini M°CCCXVI°, in qua lictera idem dominus dalphinus mandet observari limites civitatis et territorii Gracionopolis, et castellano Visilie quod ipsos limites observet et faciat remissionem castellano Gracionopolis de delatis quando requiretur.

B. iiii et xii, f° eod. ; lxrᵉ liet. T, f° iiiᵉ ix : 24 mars 1316. — Ms. «Chartul. civit. Gratianop., f° 116 (n° 10 de notre Notice) ; Livre de la Chaine, f° ccclxiij. —

25. Item, quedam lictera que incipit « Nos Guigo Albonis et Vienne comes », continens qualiter dictus dominus Guigo et Petrus episcopus Gracionopolis fecerunt fieri domum macelli Gracionopolis ante elemosinam Beati Hugonis communem inter eos, et quendam furnum inter domum episcopalem et domum dalphinalem, necnon operatoria drapperie et panaterie communia.

C. lᵐ, f° lxxviij ; lxrᵉ liet. V, f° iiiᵉ x v° : (env. 1238). — Ed. Voir la pièce annexe n° IX.

26. Item, quedam lictera que incipit « Nos Guillelmus divina permissione », data anno Domini M°CC°LXVIII°, continens accensamentum pontanagii Gracionopolis factum per dictum dominum episcopum Petro Viennoys.

C. cxxxiii, f° eod. ; lxiiiᵉ liet. X, f° iiiᵉ xj : 24 janvier 1269. — Ed. Voir la pièce annexe n° XV.

27. Item, quedam lictera que incipit « Ne prolixitate », data anno Domini M°CC°XIII, in qua continetur quod dominus episcopus Gracionopolis associavit dominum dalphinum in duobus furnis Gracionopolis pro medietate, ita quod ipsam medietatem teneat in feudum ipse dominus dalphinus a dicto domino episcopo.

C. xliii, f° lxxix ; lxvᵉ liet. Y, f° iiiᵉ xv : 1213. — Ed. Voir la pièce annexe n° IV.

(3) *Nota*. In hoc folio debet esse bulla Inno(centii) II quod episcopus debet esse regularis et canonici professi.

28. Item, quoddam publicum instrumentum, confectum
manu Petri Paneti secretarii dalphinalis et notarii publici,
sub anno Domini M°CCCCI° et die xviii° mensis aprilis,
continens sententiam latam per dominum Gauffredum le
Mengre dictum Bouciquaut, gubernatorem Dalphinatus, in
favorem dicti domini episcopi et ecclesie Sancti Andree
Gracionopolis, per quam sententiam idem dominus gubernator ordinavit amoveri quasdam furcas per castellanum
Curnillionis plantatas.

G. xxxiii, f° iiii° ij; Lxvii° llct. Z, f° iii° xliix : 4 juin 1390 - 18 avril
1401. —

29. Item, quoddam publicum instrumentum, confectum
manu Lantelmi Mauriane notarii de prothocollis Stephani
de Murianneta, sub anno Domini M°CCC°VJ°, continens certam permutationem factam inter dominum Guillermum episcopum Gracionopolitanum et dominum Hugonem de Monte
Calvo priorem Sancti Roberti, de insula Balmesta et certis
censibus in parrochia Sancti Martini Vinosi.

G. Liii, f° iiii°° xvj; Lxxvii° llct., f° iii° xvj : 18 février 1306 - 24 avril
1370. —

30. Item, quedam lictera emanata a domino Jacobo de
Monte Mauro, gubernatore Dalphinatus, data die xvi mensis
febroarii anno Domini M°CCC°LXXXXV°, exequtoria licterarum regiarum et dalphinalium in ea insertarum, super
limitatione territorii Gracionopolis a parte aque Dravi et de
Eychirolis.

B. iii, f° vii°° ix; VI°° iiii° llct., f° v° iiii°° x : 5 février 1392 - 16 févr.
1395. — Ms. Livre de la Chaîne, f° ccclxvj.

III. DE HOMAGIIS DOMINI NOSTRI DALPHINI.

31. Et primo, quoddam publicum instrumentum, confectum manu Johannis Maynardi de Argenteria notarii, sub
anno Domini M°CCC°VII°, quinte indicionis, die xxi° mensis
aprilis, continens homagium prestitum per bone memorie
dominum Johannem dalphinum Viennensem domino Guil-
lermo episcopo Gracionopolitano de eis que tenet ab ecclesia
in civitate et diocesi Gracionopolis.

B. xxiii, f° xxlj; xiii° llct., f° lxxviij : 21 avril 1307. — Ed. VALBON-
NAIS, Hist., t. II, p. 130-1.

32. Item, aliud instrumentum confectum manu Jacobi Agni notarii, sub anno Domini M°CCC°XL°, indicione viii, die ix mensis aprilis, continens homagium prestitum per inclite recordationis dominum Humbertum dalphinum Viennensem domino Johanni episcopo Gracionopolitano, de et pro eis que dictus dominus dalphinus tenebat a dicta ecclesia in dicta civitate et diocesi Gracionopolis.

B. xx, f° eod.; xv lict., f° lxxix : 9 avril 1340. — Ms. *Livre de la Chaîne*, f° xlix.

33. Item, aliud publicum instrumentum confectum manibus Francisci Bermundi et Humberti Pilati notariorum publicorum, sub anno Domini M°CCC°L°, indicione iii, die vi mensis febroarii, continens homagium prestitum per illustrem principem dominum Karolum, primogenitum primogeniti domini Francorum regis, dalphinum Viennensem, domino Johanni episcopo Gracionopolitano, de et pro medietate civitatis et territorii ac mandamenti Gracionopolis.

B. xxiii, f° xxiij; xvi lict., f° uuxx v° : 6 février 1350. —

34. Item, quoddam publicum instrumentum confectum per Petrum Paneti et Guillelmum Surrelli notarios publicos, sub anno Domini M°CCC°LXXXXIIJ° et die xvi mensis marcii, continens homagium prestitum per dominum Jacobum de Monte Mauro, gubernatorem Dalphinatus, nomine dalphini reverendo in Xpisto patri domino Aymoni Dei gracia episcopo Gracionopolitano, de medietate civitatis et territorii Gracionopolis.

B. xxi, f° ix ; xxxv lict., f° xuxx v : 16 mars 1393.

IV. DE LICTERIS TANGENTIBUS EPISCOPATUM ET VENERABILE CAPITULUM ECCLESIE GRACIONOPOLITANE.

35. Et primo, quedam lictera que incipit « Nos Jacobus permissione divina abbas monasterii Sancti Theoffredi », continens questionem motam inter laudabilis memorie dominum Rodulphum Dei gracia episcopum Gracionopolitanum, ex parte una, et venerabiles et religiosos viros dominos decanum et capitulum ecclesie cathedralis Graciono-

polis, ex parte alia, de et super jurisdictione canonicorum,
presbiterorum, clericorum et aliorum servorum in divinis
dicte ecclesie Gracionopolis, nec non pronunciationem et
sentenciam arbitralem inde factam per dictum dominum
abbatem in formam publici instrumenti, manu Girardi Ri-
bardelli notarii confecti, sub anno Domini M°CCC°LXV° et
die xxiª mensis aprilis, sigillata tribus sigillis impendenti,
videl. sigillo dicti domini episcopi, sigillo dicti domini ab-
batis et sigillo dicti venerabilis capituli.

D. ɪ, fᵒ xl ; xxɪxª llct., fᵒ vɪɪˣˣ llj : 21 avril 1305. —

36. Item, quoddam publicum instrumentum, confectum
manu Guilhermi Surrelli notarii de prothocollis Guioneti
Grinde notarii condam, sub anno Nativitatis Domini M°CCC°
XXXVIIJ°, indicione vrª, die veneris post festum corporis
Xpisti, quod instrumentum incipit « In nomine Domini
nostri Jhesu Xpisti, amen » et continet fidelitatem et obedientiam prestitas bone memorie domino Johanni episcopo
Gracionopolitano per dominum decanum et canonicos ecclesie Gracionopolis ; nec non in ipso instrumento inseritur
quedam lictera, continens qualiter dicti domᴵ decanus et capitulum possunt presentare rectores ecclesiarum in quibus
habent jus patronatus, nec non disponere de cameris et ca-
pellis et obedientiis et aliis pluribus negociis ibidem contentis.

D. xɪ, fᵒ xlɪj ; xxxª llct., fᵒ vɪɪˣˣ lx : 12 juin 1338. —

37. Item, aliud instrumentum confectum manu Francisci
Reynaudi notarii, sub anno Domini M°CCC°LXXXXIX° et die
xɪɪɪɪª marcii, quod incipit « In nomine Domini nostri Jhesu
Xpisti, amen » et continet fidelitatem et obedientiam prestitas per dominum Franciscum de Comeriis decanum et canonicos ecclesie Gracionopolis reverendo in Xpisto patri et
domino dom. Aymoni episcopo Gracionopolitano, in qua fit
mencio de confirmatione dicti domini decani.

D. vɪɪ, fᵒ xlɪj ; xxxɪª llct., fᵒ vɪɪˣˣ xɪj : 14 mars 1399. —

38. Item, quoddam publicum instrumentum, confectum
manu Johannis Ludovici notarii apostolica et imperiali auc-
toritatibus, sub anno Domini M°CCCC°I°, indicione ɪxª, die
ultima mensis octobris, quod incipit « In nomine Domini,

2

amen », in quo inseritur compromissum factum inter re-
ver. in Xpisto patrem et dom. d. Aymonem, Dei gratia episcopum Gracionopolitanum, ex parte una, et dominos decanum et capitulum ecclesie Gracionopolis, ex alia, super
questionibus existentibus inter eos de duabus prebendis
quas dictus dominus episcopus percipit in dicta ecclesia, et
de visitatione dicte ecclesie, et de clave porte Sancti Vincencii, et de jurisdictione canonicorum prioratus Helemosine Gracionopolis, et de permutationibus beneficiorum sine
consensu patroni, et de chorearlis dicte ecclesie habentibus
curam animarum, et de collatione capellarum Beati Michaelis et Sancti Blasii, et de visitatione ecclesie Sancti Johannis et quibusdam aliis questionibus, necnon pronuntiatio-
nem et sententiam arbitralem inde prolatas per reverendiss.
in Xpisto patrem et dom. d. Franciscum archiepiscopum
Narbonensem, domini nostri pape camerarium.

D. u, f° xliiij; xxxii° liet., f° vui²² xlj: 7 juillet 1400 - 15 mai - 19 août
et 31 octobre 1401. —

39. Item, quedam bulla papalis que incipit « Eugenius
episcopus, servus servorum Dei », data Rome anno Dominice
Incarnationis millesimo centesimo quadragesimo quinto,
xii kalendas januarii, continens qualiter ecclesia Sancti
Donati pertinebat episcopo Gracionopolitano et ecclesia
Sancti Boniti de Villario, nec non quod in ecclesia Gracionopolitana non ponentur canonici nisi regulares et quod
episcopus Gracionopolis debeat esse religiosus; continet
etiam declarationem factam inter dom. archiepiscopum
Viennensem et dom. Hugonem episcopum Gracionopolitanum, de limitibus inter ipsorum dioceses et de territorio Salmoracensi, et donationem decimarum Montis Bonodi et tercie partis leydarum in mercatis et feriis Montis Bonodi, et
donationem condamine de Corbonan et plura alia.

D. iii, f° lviij; xxxiiie liet., f° xii°° ij: 21 décembre 1145. — Ed. Voir
la pièce annexe n° II.

40. Item, quedam bulla papalis que incipit « Innocentius », data Pisis, ii kalendas junii, anno Dominice Incarnationis millesimo C°XXXVI°, continens qualiter idem dom.
Innocentius papa voluit et ordinavit quod episcopus Gracio-

nopolitanus sit religiosus et canonici ecclesie cathedralis Gracionopolis sint religiosi ordinis beati Augustini professi.

D. vi, f° lxxvij (⁴); lx° lict., f° iii° vij v° : 31 mai 1136. — Ed. Voir la pièce annexe n° I.

V. DE LICTERIS DOMINI EPISCOPI GRACIONOPOLIS CUM ECCLESIA SANCTI ANDREE.

44. Et primo, quedam lictera que incipit « In nomine sancte et individue Trinitatis », data anno Incarnationis Domini M°CC°XXVI°, continens qualiter dom. Soffredus episcopus Gracionopolitanus, ad preces domini Andree dalphini Viennensis, dedit ecclesie Sancti Andree Gracionopolis ecclesiam de Champaniaco, ut ibi prepositus et canonici Sancti Andree collocarentur, sigillata duobus sigillis.

G. xvii, f° lxj ; xxxvi° lict., f° xii°° x : 13 avril 1226. — Ed. Voir la pièce annexe n° VI.

42. Item, alia lictera que incipit « In nomine Domini nostri Jhesu Xpisti, anno Incarnacionis ejusdem millesimo CC°XXVII » , continens qualiter dictus dom. Soffredus episcopus Gracionopolitanus voluit et concessit, ad preces ipsius domini Andree dalphini, quod dicti prepositus et canonici Sancti Andree possent se collocare in civitate Gracionopolis dimissa ecclesia de Champaniaco quam reddiderunt dicto domino episcopo, ita quod prepositus et canonici faciant fidelitatem et obedienciam dicto domino episcopo et in eis habeat episcopus jurisdictionem, visitationem, procurationem et alia jura episcopalia.

G. LVI, f° eod. ; xxxvii° lict., f° xiiIX x v° : 1ᵉʳ février 1228. — Ed. Voir la pièce annexe n° VIII. — Anal. Duchesne, Dauf. de Vien., pr. p. 15 ; Gall. Christ. vet., t. II, f° 604 v° ; A. du Boys, op. cit, p. 496-7. — Cr. Bréquigny, V, 313.

43. Item, alia lictera que incipit « In nomine sancte et individue Trinitatis, anno Incarnationis Domini nostri Jhesu Xpisti M°CC°XXVII° » , continens pronunciationem factam per dom. archiepiscopum Viennensem inter dom. Soffredum episcopum et prepositum et canonicos predictos, de et super

(4) *Nota.* Episcopus Gracionopol. religiosus et canonici professi.

juribus episcopalibus sibi competentibus in dicta ecclesia Sancti Andree et in dictos prepositum et canonicos.

G. xIIII, f° lxij ; xxxviiⁱ llct., f° xIIˣˣ xij ; 1ᵉʳ avril 1227. — Ed. Voir la pièce annexe n° VII.

VI. DE LICTERIS CUM PRIORE SANCTI MARTINI DE MISERIACO ET ALIIS PRIORIBUS SANCTI AUGUSTINI A DICTO PRIORATU DEPENDENTIBUS.

44. Et primo, quoddam publicum instrumentum confectum manu Johannis Meynardi de Argenteria notarii, sub anno Domini M°CCC°VII°°, indicione vᵉ, xiii kalendas januarii, continens permutationem factam inter bone memorie dom. Guilhelmum, episcopum Gracionopolitanum, et dom. Petrum de Ruyno, priorem Sancti Martini de Miseriaco, de prioratibus Campagniaci et Sancti Illarii et certis aliis bonis et redditibus suis.

P. xiii, f° liiij ; xxxiiiⁱ llct., f° xIIⁱˣˣ x v° ; 20 décembre 1307. — Ed. Voir pièce annexe n° XX.

45. Item, quedam lictera intitulata *Carta Sancti Martini*, que incipit « Ego Hugo Gracionopolitane ecclesie vocatus episcopus », continens qualiter dictus dom. Hugo episcopus Gracionopolitanus fundavit prioratum Sancti Martini de Miseriaco, retinendo sibi aliquam partem cimiterii pro edificiis faciendis, nec non medietatem decimarum Sancti Ismerii et de Biviaco et certos census in ecclesiis et prioratibus a dicto prioratu dependentibus, nec non obedientia et subjectione et aliis in dicta lictera contentis, fol. vij et viij.

P. LXIX, f° iiiiˣˣ xj ; LXXⁱ llct., f° iiiⁱ lij v° : (env. 1083). — Mss. *Cartul. de S. Hugues,* Iᵉʳ, n° 4 ; IIᵉ, n° 18, IIIᵉ, n° 100 ; D. Estiennot, *Fr. Hist. Aquit.,* t. VI, p. 264. — Edd. Chorier, *Estat polit.,* t. II, p. 103-8 ; Hauréau, *Gal. Christ.,* t. XVI, Instr. c. 78-9.

46. Item, quedam lictera in pargameno descripta et quinque sigillis sigillata, data anno Domini M°CC°XXIIII°, que incipit « In nomine Domini nostri Jhesu Xpisti », continens concordiam factam inter dom. Soffredum episcopum Gracionopolitanum et Eustachium priorem Sancti Martini de Miseriaco, super jure abbacie dicti domini episcopi in dicto prioratu sibi pertinente et super obedientiis et benedictio-

nibus canonicorum, fidelitatibus et obedientiis ipsorum, et
super collationibus* prioratuum et beneficiorum, et super
aliis juribus eorumdem.

P. xii, f° iiiiXX xlj; Lxxiii° liot., f° iiii° vij : 25 novombre 1224. —
Ms. Cartul. de St Huoues, III°, n° 126.

47. Item, quoddam publicum instrumentum confectum
manu Johannis Sonnerii notarii, de prothocollis Martini
Ranulphi, sub anno Domini M°CCC°XVIII°, continens ho-
magium prestitum per dom. Aymarum de Seyssello, priorem
Sancti Martini de Miseriaco, domino Guillelmo episcopo
Gracionopolitano.

P. Lxxi, f° iiiiXX xiij; Lxxiii° liot., f° iiii° ix : 6 novembre 1318. —
Ed. Voir la pièce annexe n° XXI.

48. Item, quoddam publicum instrumentum confectum
manu Johannis Henrici, secretarii dalphinalis et notarii
publici, sub anno Domini M°CCC°LXXXXII°, indicione ultima, die penultima mensis decembris, continens sentenciam
arbitralem latam per dom° Johannem Serpe et Johannem
Generis arbitros, super jurisdictione canonicorum Sancti
Martini de Miseriaco.

P. Lxxii, f° eod.; Lxxv° liot., f° iiii° xxlj : 30 décembre 1392. —

49. Item, quedam lictera sigillata quatuor sigillis, que
incipit « Cum omnis anima Xpistiana », data anno Domini
M°CC°LVII°, in qua fit mencio qualiter dom. F(alco) episcopus Gracionopolitanus dedit ecclesie Beate Marie Gracionopolis prioratum Villaris Benedicti, retenta episcopo cor-
rectione, visitatione, institutione et destitutione una cum
capitulo, dedit eciam ecclesias Sancti Vincentii et Sancte
Marie de Marclusa°; et ibi fit mencio de pensione quam percipit dictus dominus episcopus in prioratu Sancti Martini
de Miseriaco, nec non de prioratu Permene¹ et de prioratu
Elemosine Gracionopolis et de decanatu Montis Sancti Andree et de archipresbiteratu de Ultra Dravum² et aliis ordi-
nationibus quam plurimis.

P. xi, f° cxvj; iiiiXX v° liot., f° viiiXX ij: 1257. — Fragm. Valbonnais,
Hist., t. II, pp. 135b et 174c.

(5) Var. oblationibus.
(6) Var. Malcusa. — (7) Var. Parmenie. — (8) Var. Dracum.

VII. DE LICTERIS TANGENTIBUS PRIOREM SANCTI GEORGII
IN SABAUDIA.

50. Et primo, quoddam publicum instrumentum confectum manu Stephani de Murianneta notarii, sub anno Domini M°CC°LXXXXV¹°, indicione vııı³, pridie kalendas januarii, continens permutationem factam inter dom. Guillelmum episcopum Gracionopolitanum et dom. Humbertum priorem Sancti Georgii in Sabaudia, de domo et redditibus de Curianna⁹ et redditibus de Francino, prout in dicto instrumento latius declaratur.

O. xvı, f° cxj; ıııxx ıııᵉ lict., f° ııı° xxv : 31 décembre 1295. — Ms. Voir le n° suiv.

51. Item, aliud instrumentum confectum manu Guillelmi Surrelli notarii, sub anno Domini M°CCCC° et die ııı³ men sis julii, continens homagium prestitum per dom. Guigonem Salvagii, priorem prioratus Sancti Georgii in Sabaudia, reverendo in Xpisto patri domino Aymoni episcopo Gracionopolitano, pro censibus et aliis bonis que habet apud Francinum, et pro quibus debet dictum homagium et unum nisum seu esparvier aut viginti solidos de placito in mutatione domini episcopi.

O. xxıı, f° cxiij; ıııxx ıııᵃ lict., f° ııı° xxix : 3 juillet 1400. —

52. Item, quoddam publicum instrumentum confectum manu Johannis Juliani notarii, subanno Domini M°CC°LX°, indicione ıııı³, ıııı kalendas marcii, continens venditionem factam per Poncetum Bertrandi de Monte Meliano et Euglentinam ejus uxorem bone memorie domino F(alconi) Dei gracia episcopo Gracionopolitano de censibus, serviciis, jurisdictione et aliis bonis que habebant in parrochia de Francino.

N. xxvıı, f° vıxx vij; lict. IIIIxx xıx, f° ııı° lxxvj : 26 février 1261.—

53. Item, quoddam publicum instrumentum confectum manu Jacobi Barberii notarii, sub anno Domini M°CC°LXI°, indicione ıııı³, ıııı nonas septembris, in quo continetur quod

(9) Var. Coroanna.

Herluinus de Chinino accepit in feudum a domino F(alcone) episcopo Gracionopolitano plures census, domos, terras, prata et alia que habebat apud Curiannam, et ibidem recognitionem fecit de eisdem sub homagio et xx solidis de placito in mutatione possessoris.

N. xxxv, f° viII viij ; lict. C, f° iiii° iii·XX ij : 2 septembre 1261. —

54. Item, quoddam aliud publicum instrumentum confectum manu dicti Jacobi Barberii notarii, sub anno Domini M° CC°LXI°, indicione iiii·ᵗᵃ, vii idus decembris, continens venditionem factam dict. domino F(alconi) episcopo Gracionopolitano, de certis homagiis ibidem declaratis in Sabaudia.

O. xxxiii, f° viIIx ; lict. ci, f° iiii° iiiiXX ix v° : 7 décembre 1261. —

VIII. SUPER DECANATU SABAUDIE.

55. Et primo, quedam bulla papalis emanata a domino Clemente papa VI°, concessa domino Johanni episcopo Gracionopolitano, per quam univit mense episcopali decanatum inferiorem Sancti Andree in Sabaudia.

O. i, f° viIIX xix ; lict. Cx, f° v° xxxiij : 1ᵉʳ octobre 1343. — Ed. Voir la pièce annexe n° XXII. — Cf. VALBONNAIS, *Hist.*, t. II, p. 135-6c. —

56. Item, quoddam publicum instrumentum confectum manu Guillelmi Barberii de Bonavilla et Stephani Babolini de Sancto Georio in Valdenia, sub anno Domini M°CCC° XLIX°, die iiii·ᵃ mensis novembris, in quo continetur quod dictus dominus Johannes episcopus Gracionopolitanus, insequendo tenorem dicte unionis, loco dicti decanatus fundavit in dicta ecclesia Gracionopolis unum archipresbiteratum, prout in dicta unione fuerat ordinatum.

O. xi, f° eod. ; lict. Cxi, f° v° xxxiij : 4 novembre 1349. — Ed. Voir la pièce annexe n° XXIII.

57. Item, alia bulla papalis emanata a domino Clemente papa VII°, concessa domino Aymoni episcopo Gracionopolitano, continens confirmationem dicte unionis necnon ipsam unionem ad perpetuitatem pro se et suis successoribus, data pontificatus dicti domini pape anno decimo.

O. ii, f° viiXX ; lict. Cxii, f° v° xxxvj : 23 mars 1388. — Voir la pièce annexe n° XXVI.

IX. DE LICTERIS TANGENTIBUS LIMITES ET JURISDICTIONEM SPIRITUALEM EPISCOPATUS ET DOMIN. ARCHIEPISCOPUM VIENNE ET CASTRUM SANCTI DONATI.

58. Et primo quoddam instrumentum, quod est nonum in ordine libri, in quo fit mencio de causis prophanis tractandis in curia officialatus.

A. VIII, f° vij; lict. IX, f° xxxj : 3 Juin 1343. — Voir au n° 9.

59. Item, quedam lictera que incipit « Humbertus dalphinus Viennensis », data Avinione, die penultima mensis septembris, anno Domini M°CCC°XXXIIII°, emanata a domino Humberto dalphino, Viennens. et Albonis comite palatino et domino de Turre, continens libertatem concessam per dictum dominum dalphinum prelatis et ecclesiis Dalphinatus, in favorem ecclesiarum continens quod nullus laycus prohibeatur litigare coram judice ecclesiastico nec contrahentes prohibeantur apponere juramenta in contractibus suis, et quod officiarii temporales compellant excommunicatos redire ad unitatem ecclesie et exequantur sententias officialium ecclesiaticorum quando fuerint requisiti.

A. XVI, XVII et XVIII, f° xxj(1); lict. XII, f° lxx v° : 29 septembre 1334. — Ed. VALBONNAIS, *Mém.*, p. 274; *Hist.*, t. II, p. 264-5.

60. Item, quedam bulla papalis que incipit « Clemens episcopus », data Avinione, II° nonas januarii, pontificatus domini pape anno VIII°, continens confirmationem dicte lictere domini Humberti dalphini ultimo designate.

A. LXVIII, f° xxj; lict. XIII, f° lxviij : 4 Janvier 1360. — Ed. Voir la pièce annexe n° XXIV.

61. Item, quedam bulla papalis que incipit « Eugenius », et est XXXIIII° in ordine libri, plura negocia continens et inter cetera continet concordiam factam inter dominum archiepiscopum Viennensem et dominum episcopum Gracionopolitanum, de territorio Salmorensi.

D. III, f° lviij ; lict. XXXIII, f° xnxx ij : 21 déc. 1145. — Voir au n° 39.

___

(1) *Nota.* Quod officiarii temporales compellant excommunicatos ad unitatem Ecclesie redire.

62. Item, in quodam libro pargameni in dictis archivis
reperto et existente, folio j° ejusdem, est quedam bulla papalis que incipit « Pascalis episcopus », data apud ecclesiam Sancti Petri, anno Incarnationis Dominice M°C°VII°,
continens concordiam factam inter archiepiscopum Viennensem et episcopum Gracionopolitanum Hugonem nuncu-
patum, de territorio Salmoracensi et castris in eodem existentibus, et est dicta lictera f° j, ij et iij dicti libri.

P. LXVII, f° IIIIXX x ; lict. LVIII, f° IIII° : 2 août 1107. — Mss. Cartul. de
St. Hugues, I°°, n° 1, III°, n° 104 ; FONTANIEU, op. cit., Preuv. t. II,
p. 121 (n° 17 de notre Notice). — Edd. CHORIER, Estat polit., t. II,
p. 109-17 ; MABILLON et RUINART, Ouv. posth., t. III, p. 376 ; J. PETIT,
Theodori Pœnitent., t. II, p. 536 ; Uloiensis eccl. Chartar., p. 65-7 ; MANSI,
Concilia, t. XX, c. 1039 ; CHARVET, Hist. de Vien., p. 659-61 ; D.
BRIAL, Recueil, t. XIV, p. 761 ; A. DU BOYS, op. cit., p. 462-4 ; MIGNE,
Patrolog. lat., t. CLXIII, c. 224-5 ; HAURÉAU, Gal. Christ., t. XVI,
instr. c. 29-30. — Cfr. Bréquigny, II, 384 ; Jaffé, n° 4576 ; Rég. genev.,
n° 244.

63. Item, alia lictera a dicto domino Pascali papa emanata,
data anno Domini M°C°IX° Laterani, continens confirmationem rerum et bonorum episcopatus et ecclesie Sancti Donati,
que est in dicto libro, fol. iij, iiij et v.

P. LXVIII, f° IIIIXX xj ; lict. LXIX, f° IIII° j v° : 18 avril 1109. — Mss.
Cartul. de S' Hugues, I°°, n° 2, III°, n° 105. — Edd. J. PETIT, Theodori
Pœnitent., t. II, p. 419 ; MIGNE, Patrol. lat., t. CXLIII, c. 257-8.
— Cfr. Bréquigny, II, 395 ; Jaffé, n° 4623.

64. Item, quedam alia lictera seu carta que incipit « In
nomine Domini, ego Hugo » etc., in qua fit mencio de jure
quod habere debet dominus episcopus in prioratu Sancti Donati[3], fol. v et vj.

P. LXIX, f° eod. (3) ; lict. LXX, f° IIII° ij v° : 22 janvier 1105. — Ms. Cartul. de St. Hugues, I°°, n° 3, III°, n° 110. — Ed. J. PETIT, Theodori
Pœnitent., t. II, p. 599. — Cf. Bréquigny, II, 368.

65. Item, quedam lictera que incipit « In nomine sancte
et individue Trinitatis, Ludovicus » etc., continens confirmationem ecclesie Sancti Donati factam per Ludovicum re-

(2) Var. S' Martini Miseriaco et fundationis ejusdem (voir n° 45).

(3) Nota. Fundatio prioratus Sancti Martini de Miseriaco.

gem et Hirmigardam ejus matrem domino Yzahac episcopo Gracionopolitano, fol. lxxv, lxxvj, lxxvij.

P. LXX, f° IIIItt xij ; lict. LXXII, f° IIII° IIIj r° : 11 aoūt 894. — Mss. Cartul. de St. Hugues, I°°, n° 27, III°, n° 109; Biblioth. de Carpentras, liasse 638 ; P. DE RIVAZ, Diplom. de Bourg., t. I (n° 25 de notre Notice); FONTANIEU, op. cit., Preuv. t. I, p. 97 (n° 16 de notre Notice). — Edd. CHORIER, Estat polit., t. II, p. 59-68 ; BALUZE, Miscell., ed. I°, t. II, p. 156, ed. II°, t. III, p. 34; D. BOUQUET, Recueil, t. IX, p. 675. — Cff. Bréquigny, I, 350; Bœhmer, Reg. Kar., n° 1449.

66. Item, vidimus emanatum a curia domini officialis Chamberiaci, quod incipit « Nos Petrus Verjomesii », in quo fit mentio de limitibus episcopatus Gracionopolis a parte episcopatus Murianne et Rupeculle[4].

P. LXIII, f° VIIItt xj ; lict. VItt vii, f° v° IIItt xviij : 8 février 1298, 14 mai 1416. —

X. DE LICTERIS TANGENTIBUS FACTUM SANCTI ILLARII ET LOCORUM MONTIS FORTIS, MONTIS BONODI ET MONTIS FLORITI.

67. Primo, quedam lictera que incipit « Nos Humbertus dalphinus Viennensis et Albonis comes », et est viie in ordine libri, continens plura negocia et inter cetera continet edifficationem castrorum Sancti Illarii et de Balma.

A. vi, f° v; lict. vii, f° x : septembre 1293. — Voir au n° 7.

68. Item, quoddam publicum instrumentum confectum manu Francisci Leyderii notarii, de prothocollis Petri Leyderii notarii condam, sub anno Domini M°CCC°XIX°, indicione IIa, viii kalendas augusti, quod incipit « In nomine Domini, amen », continens libertates concessas per bone memorie dominum Hugonem Dalphini, dominum Fucigniaci, castrorum Montis Bonodi, Montis Fortis et Montis Floriti, domino Guillelmo episcopo Gracionopolitano et hominibus suis tam maribus quam mulieribus, habitantibus et habitaturis in parrochiis Sanctorum Illarii et Pancracii et in mandamentis Montis Floriti, Montis Bonodi et Montis Fortis.

J. XVIII, f° xxxix ; lict. xxviii, f° VIItt xvj : 25 juillet 1319. —

(4) Var. I. v. licterarum super facto limitum a p. ep. Maurianensis et apud Ruppecullam.

69. Item, instrumentum permutationis prioratus Sancti Illarii et plurium reddituum traditorum domino episcopo Gracionopolitano per dominum priorem Sancti Martini de Miseriaco pro prioratu Champagniaci, quod instrumentum est jam superius designatum et est xxxiii^m in ordine libri.

P. xiii, f° liii] ; liet. xxxiii, f° xi^{xx} x v° : 20 déc. 1307. — Voir au n° 44.

70. Item, bulla papalis que incipit « Eugenius », que est xxxiiii° in ordine libri, in qua fit mencio de donatione decimarum Montis Bonodi et tercie partis leydarum et de condamina de Corbonan.

D. iii, f° lvii] ; liet. xxxiii, f° xiii^{xx} ij : 21 déc. 1145. — Voir au n° 89.

71. Item, quoddam publicum instrumentum quod incipit « Anno Domini M°CCC°LXX°, indictione viii^a, die xvii mensis septembris », confectum manu Petri Barberii notarii, continens compromissum factum inter bone memorie dominum Rodulphum episcopum Gracionopolitanum et dominum Johannem de Monte Bello, dominum Intermoncium, de et super quibusdam questionibus existentibus inter eos super limitibus mandamentorum Intermoncium et Sancti Illarii, videl. in colle de Jacellino et super aliquibus injuriis et offensis per gentes dicti domini Intermoncium subditis dicti domini episcopi illatis.

J. xxxvi, f° lxvii] ; liet. L, f° xiii^{xx} xv : 17 septembre 1370. —

72. Item, aliud publicum instrumentum confectum manu magistri Guillelmi Surrelli notarii, sub anno Domini M°CCC° LXX°, in quo continetur qualiter officiarii dicti domini Intermontium pecierunt in humili habitu veniam et absolutionem a dicto domino episcopo de offensis per eos factis.

J. xxxi, f° lxxi] ; liet. LII, f° xiii^{xx} iij : 20 septembre 1370. — Ed. Voir la pièce annexe n° XXV.

73. Item, aliud publicum instrumentum confectum manu dicti Guillelmi Surrelli notarii, sub anno Domini M°CCC° LXXI° et xvi mensis junii, continens pronunciationem et sentenciam arbitralem super dictis questionibus, latam per dominum priorem majoris domus Carthusie⁵.

J. ix, f° lxix; liet. LI, f° xiii^{xx} xvij : 25 août et 18 septembre 1370 - 13 et 16 juin 1371. —

(5) Var. Cartusie.

74. Item, quedam lictera que incipit « Divina miseratione », sigillata quatuor sigillis impendenti, sub anno Domini M°CC°LXXXXVIII°, continens certam permutationem factam inter bone memorie dominum Guillelmum episcopum Gracionopolitanum et inclite recordationis dominam B(eatricem) filiam domini Petri comitis Sabaudie, dominam Fucigniaci, in qua permutatione dicta domina B. tradidit dicto domino episcopo certos homines apud Sanctum Illarium, necnon caseos et pasqueragia quos et que percipiebat dicta domina in parrochia Sanctorum Illarii et Pancracii, et quod homines ipsius domini possent pasquerare in toto mandamento Montis Bonodi absque solucione alicujus tributi.

J. III, f° lxxij, lict. LIII, f° xiiii^xx xliij : 4 mars 1299. — Ed. VALBONNAIS, *Hist.*, t. II, p. 38-9. — Cf. Bréquigny, VII, 493.

75. Item, quedam lictera sigillata sigillo domini Intermontium et signata ejus manu et subscripta manu Bartholomei de Capella notarii, sub anno Domini M°CCCC°XIIII°, die III^a mensis octobris, continens ratificationem et confirmationem albergamenti facti per dictum dominum de Intermontibus domino episcopo Gracionopolitano et hominibus suis mandamenti Sancti Illarii de jure bocherandi et pasquerandi in montibus collis Jasermi, Aguelie, de Plas, de Sum, Belli Fontis, et usque ad montem Alti Solii et in aliis locis ibidem declaratis, pro censu IIII^or solidorum.

J. XLIX, f° iiii^xx xvij; lict. LXXVII, f° iii^c xx : 3 octobre 1414. —

76. Item, quoddam publicum instrumentum confectum manu Michaelis Vallini notarii, sub anno Domini M°CCCC° et die ultima mensis junii, continens albergamentum factum per Guigonem de Monte Bello, dominum Intermontium, reverendo in Xpisto patri domino Aymoni episcopo Gracionopolitano et ejus hominibus mandamenti Sancti Illarii, de percursu bocherandi et pasquerandi in montibus collis Jasermi, Arguelie, de Plas, del Sum et Belli Fontis usque ad montem Alti Solii, pro censu IIII^or solid.

J. V, f° vi .ij; lict. IIII^xx xii, f° iiii^c lxxj : 30 juin 1400. —

77. Item, alia lictera a dicto domino Intermontium emanata et manu ejus signata ac sigillo suo sigillata, per quam dictus dominus Intermontium mandavit tolli quoddam im-

pedimentum appositum in dictis bocheragiis et pasqueragiis.

J. 1, f° v¹ˣˣ ij ; liet. IIII∞ xɪɪɪ, f° ɪɪɪɪᵉ lxxiij v° : 22 octobre 1414.—

78. Item, quoddam publicum instrumentum confectum
manu Martini Ranulphi et Bernardi Juliani notariorum, sub
anno Domini M°CCC°XV° et die xxvɪɪ* mensis aprilis, continens quandam transactionem factam inter bone memorie
dominum Hugonem Dalphini, dominum Fucigniaci et castrri
Terracie, et dom. Guillelmum episcopum Gracionopolitanum, de et super jurisdictione mandamenti Sancti Illarii et
limitibus ejusdem.

J. xLVI, f° ɪɪɪɪˣᵛ; liet. Lxvɪ, f° ɪɪᵉ xlɪɪj : 27 avril 1315. —

<h3 style="text-align:center">XI. DE LICTERIS TANGENTIBUS FACTUM HOMAGII DOMINI
COMITIS GEBENNENSIS RACIONE TERRE
GRAYSIVODANI.</h3>

79. Et primo, quedam lictera que incipit « Noscant presentes et posteri », sigillata tribus sigillis, data anno Domini M°CC°XLVI°, continens homagium prestitum per Petrum Eynardi de quadam parte domus de Theysio et de hiis
que habebat apud Theysium, Petram et Domenam; et ibidem eciam est homagium inde recognitum per dominum
Hugonem Dalphini.

B. xvɪ, f° lxxiij; liet. Lɪɪɪ, f° xɪɪɪɪˣˣ xv v° : 9 février 1247. — Ms. Copie anc. aux arch. de la Préfect. de l'Isère. — Ed. Voir la pièce annexe
n° XII.

80. Item, quoddam publicum instrumentum manu Guillelmi de Ulcio notarii, sub anno Domini M°CC°LV°, indicione xɪɪɪª, ɪɪɪɪ° kalendas novembris, continens homagium
prestitum per dominum Rodulphum comitem Gebennensem
domino Falconi episcopo Gracionopolitano, pro castro de
Domena, una cum Lxᵗª libris cere census annuatim inde
debitis dicto domino episcopo.

B. xLɪɪɪ, f° eod. ; liet. Lv, f° xɪɪɪɪˣˣ xvj v° : 29 octobre 1255. — Ms.
Sur la même copie. — Ed. Voir la pièce annexe n° XIII.

84. Item, quoddam aliud instrumentum confectum manu
Dioconis dicti de Chamenco notarii, sub anno Incarnationis

Domini M°CC°LXIX°, ix° kalendas januarii, in quo continetur quod nobilis vir dominus Aymo, dominus de Gebenna,
fecit et prestitit homagium dominus Guillelmo Dei gracia episcopo Gracionopolitano pro dicto castro Domene.

B. xliii, f° lxxiiij ; Uct. lvi, f° xiiii³³ xvij : 24 décembre 1269. — Ms.
Sur la même copie. — Ed. Voir la pièce annexe n° XVIII.

82. Item, quoddam publicum instrumentum confectum
manu Guillelmi Surrelli notarii, de prothocollis Hugonis
Pererii notarii, sub anno Domini M°CCC°LXXXXIII° et die
iª mensis decembris, continens homagium et recognitionem
prestitam per dominum Franciscum de Mentone militem,
procuratorio nomine domini Clementis pape VII^mi, de dicto
castro Domene domino Aymoni episcopo Gracionopolitano;
in quo instrumento inseritur potestas dicti domini Francisci
de Mentone, nec non instrumentum recognitionis facte per
dominum Amedeum ejus predecessorem.

B. xliii, f° lxxv ; lict. lviii, f° iii° j : 5 janv. 1291, 1ᵉʳ déc. 1393. —

83. Item, quedam lictera nomine privato emanata a domino Clemente papa VII°, comite hereditario jure Gebennarum
et domino castri de Domena, sigillata cera rubea sigillo quo
utebatur in dicto comitatu, data anno Domini M°CCC°LXX-
XXIII°, die xvᵉ augusti, continens potestatem datam per
dictum dominum Clementem domino Francisco de Mentone
militi de recognoscendo domino episcopo Gracionopolitano
castrum de Domena, nomine ipsius domini Clementis.

K. xxviii, f° vi³³ iij ; lict. IIIIXX xv, f° iiii° xxxj : 15 août 1393. —
— Ms. Voir le n° 82. — Ed. Voir la pièce annexe n° XXVII.

XII. DE LICTERIS TANGENTIBUS HOMAGIUM DOMINI GERIE ET
JURISDICTIONEM MURIANNETE, VENNONIS, GERIE,
SANCTI MARTINI DE HERA, DE EYBENO
ET DE BRESSONE IN HOMINIBUS DICTI DOMINI EPISCOPI.

84.. Et primo, quoddam publicum instrumentum confectum manu Stephani de Murianneta notarii, sub anno Domini M°CC°LXXXX°, indicione iiiª, die veneris in vigilia
Epiphanie Domini, continens concordiam factam inter do-

minum Guillelmum episcopum Gracionopolitanum ex parte
una et dominum Amedeum comitem Gebennensem ex alia,
in quo continetur quod omne merum et mixtum imperium
et omnimoda jurisdictio hominum dicti domini episcopi in
parrochia de Murianneta existentium et successorum suorum pertineat dicto domino episcopo, et quod dictus dominus comes teneat castrum de Domena a domino episcopo
sub censu x librarum cere annualium et x librarum cere
de placito in mutatione domini episcopi et vassalli.

L. cxii et cxvii, f° lxxiiij ; lict. lvii, f° xiiii⁣ˣˣ xviij : 5 janvier 1291. —
Ed. Valbonnais, *Hist.*, t. I, p. 38. — Cf. Bréquigny, VII, 318.

85. Item, quoddam publicum instrumentum confectum
manu Michaelis Bovis et Johannis Pelorde notarior., sub anno
Domini M°CCC°LXXXX° et die xix⁣ᵃ mensis febroarii, continens sentenciam arbitralem seu concordiam factam inter
reverendum in Xpisto patrem et dominum dom. Aymonem
Dei gracia episcopum Gracionopolitanum et dominum Petrum Eynardi militem super jurisdictione de Vennone, de
Geria et de Murianneta.

L. clxv, f° cv ; lict. IIIIˣˣ i, f° juiiᵉ xl : 28 sept. 1280, 19 fév. 1390. —

86. Item, quoddam publicum instrumentum confectum
manu Johannis Gauderii alias de Viriaco notarii, de prothocollis Johannis Girardi, sub anno Domini M°CCC°XXXI°,
die iiiiᵃ mensis augusti, continens quandam sentenciam latam per dominum Guigonem de Valle Navigio, judicem domini episcopi Gracionopolitani, super hominibus suis Sancti
Martini de Hera.

F. viii, f° cx ; lict. IIIIxx ii, f° iiiᵉ xxj v° : 4 aoùt - 16 octobre 1331. —

87. Item, quoddam publicum instrumentum confectum
manu Petri de Balma notarii publici, sub anno Domini M°
CC°LXXXVI°, indicione xiiiiᵃ, xi kalendas octobris, in quo
continetur quod Humbertus de Bossozello domicellus vendi-
dit domino Guillelmo episcopo Gracionopolitano quicquid
juris, actionis et requisitionis predictus Humbertus de Bossozello habebat vel habere poterat quovismodo in hominibus
dicti domini episcopi existentibus et in futurum in parrochiis de Murianneta, de Vennone, de Geria, Sancti Martini
de Hera et de Eybeno, et omne merum et mixtum imperium

et omnimodam jurisdictionem, nichil sibi retinendo nisi
dumtaxat quod dictus Humbertus tamquam parerius mere
executionis vocaretur in executione sentenciarum corpora-
lium, et pro hoc ac aliis que tenebat a dicto domino episcopo eidem prestitit homagium.

L. LXXXV, LVII, XX et IX, f° CXVj ; Het. IIIIXX vi, f° IIII° xlj ; 21 sept.
1286. —

88. Item, quoddam publicum instrumentum confectum
manu Stephani de Murianneta notarii, sub anno Domini M°
CC°LXXXXII°, indicione v°, die sabbati post Accensionem
Domini, continens transactionem factam inter dominum
Guillelmum episcopum Gracionopolitanum et nobilem Humbertum de Bossozello, in quo fit mencio quod pacta contenta
in instrumento recepto per Petrum de Balma notarium ob-
serventur; item, quod dominus Gerie nullam jurisdictionem
haberet in hominibus dicti domini episcopi, etiam si veni-
rent de aliis parrochiis moraturi in parrochiis de Geria, de
Vennone et de Murianneta; item, et quod banna hominum
dicti domini episcopi ad ipsum dominum episcopum perti-
neant, et plura alia que ibi continentur.

L. xc, f° cxviij ; Het. IIIIXX vii, f° IIII° xvj v° ; 17 mai 1292. —

89. Item, quoddam publicum instrumentum confectum
manu Stephani de Murianneta notarii, sub anno Domini M°
CC°LXXXXI° ; indicione IIII°, die mercuri Cineris, in quo
Siboudus Alamandi, dominus de Revello, dedit et donavit
domino Guillelmo episcopo Gracionopolitano jurisdictionem
omnimodam quam ipse Siboudus habebat seu habere poterat in hominibus dicti domini episcopi commorantibus et
commoraturis in parrochia de Murianneta.

L. VIIXX v, f° eod. ; Het. IIIIXX viii, f° IIII° xv ; 7 mars 1291. —

90. Item, quoddam publicum instrumentum confectum
manu Petri Armueti notarii de prothocollis Petri Buvaci, sub
anno Domini M°CCC°XIIII°, die x° intrante mense novembris, continens homagium prestitum domino Guillelmo episcopo Gracionopolitano per Jaquemetum de Bossozello, dominum Gerie.

B. xLi, f° cxix ; Het. IIIIXX ix, f° v° xxix ; 10 novembre 1314.

91. Item, aliud instrumentum confectum manu Johannis
Mathei notarii, sub anno Domini M°CCC°XLV° et die i° men-

sis septembris, continens homagium prestitum per dominum Jacobum, dominum de Geria, domino Johanni episcopo Gracionopolitano.

B. XL, f° VI²ˣ; lict. IIIIXX.x, f° IIII° lxIIIJ : 1ᵉʳ septembre 1345. —

92. Item, aliud publicum instrumentum confectum manu Guioneti Grinde notarii, sub anno Domini M°CCC°LV° et die XIIII⁴ mensis novembris, continens homagium prestitum per dominum Jacobum de Bossozello, dominum de Geria, domino R(odulpho) episcopo Gracionopolitano.

B. xxxIx, f° eod. ; lict. IIIIXX xI, f° IIII° xx : 14 novembre 1355. —

93. Item, quoddam publicum instrumentum confectum manu Guigonis de Sancto Martino notarii, sub anno Domini M°CCC°LXIII°, IIII⁴ᵒ idus febroarii, in quo homines de Vennone recognoverunt homagia sua, operam et manu operam domino Soffredo (leg. Falconi) episcopo Gracionopolitano.

L. CxIII, f° VI²ˣ lj; lict. IIIIXX xIIII, f° IIII° lxv v° : 10 février 1263. —

94. Item, quoddam publicum instrumentum confectum manu Petri Buvaci notarii, sub anno Domini M°CCC°XIIII¹ᵒ et indicione xII⁴ et die x⁴ intrante mense novembri, continens quandam concordiam factam inter bone memorie dominum Guillelmum episcopum Gracionopolitanum ex parte una et nobilem Jaquemetum de Bossozello, dominum de Geria, ex alia, de et super pasqueragiis plani de Geria et super censu quem debet dictus dominus Gerie domino episcopo.

L. xxxII, f° VI²ˣ vj; lict. IIIIXX xVIII, f° III° xxxIIIJ : 10 novembre 1314. —

95. Item, quoddam publicum instrumentum confectum manu Reymundi de Terracia notarii, sub anno Domini M° CC°LXXXII°, III° kalendas marcii, continens qualiter Johannes de Brianczone, filius Eymerici de Brianczone, dedit et donavit domino Guillelmo episcopo Gracionopolitano si quid juris, meri et mixti imperii habebat in hominibus dicti domini episcopi commorantibus in parrochiis et mandamentis Gerie, Eybeni, Vennonis, Sancti Martini de Hera et de Bressone.

L. CLvII, f° VIXX xVIIJ; lict. CIX, f° v° xxxj : 27 février 1283. —

96. Item, quoddam publicum instrumentum confectum manu Reymundi de Terracia notarii, sub anno Domini M° CC°LXXXII°, indicione xiᵃ, iiiir° kalendas marcii, continens donationem factam per Eymericum de Brianczone, filium condam domini Gauterii de Brianczone, domini de Terracia, domino Guillelmo episcopo Gracionopolitano de jurisdictione, mero et mixto imperio hominum dicti domini episcopi commorantium in parrochiis de Geria, de Vennone, de Sancto Martino de Hera et in mandamento Gerie et Eybeni.

L. CLVI, fº viᶠˣ j; lict. CXIII, fº vᶜ xxxvij : 20 février 1283.

97. Item, quoddam publicum instrumentum confectum manu Alberti Czuppi notarii, sub anno Domini M°CC°LXX-VIII°, die lune post festum beati Johannis Baptiste, continens venditionem factam per Humbertum de Bossozello, dominum de Geria, domino episcopo Gracionopolitano de omni jure quod habebat super hominibus dicti domini episcopi existentibus a fonte Jallini usque ad Domenam, Revellum et Uriaticum, ratione mistralie Ansermorum et Boneriorum.

L. CLV, fº viᶠˣ xvij; lict. CVIII, fº vᶜ xxx : 28 juin 1288. — Ed. VAL-BONNAIS, Mém., p. 137; Hist., t. I, p. 135. — Cf. Bréquigny, VII, 280.

XII. DE LICTERIS TANGENTIBUS CASTRUM HERBEYSII.

98. Primo, quoddam publicum instrumentum, quod est nonum in ordine libri et continet inter cetera primam donationem factam per dominum dalphinum domino episcopo in parrochia Herbeysii.

A. VIII, fº vij; lict. IX, fº xxxj : 3 juin 1343. — Voir au nº 9.

99. Item, bulla papalis, que est decima in ordine libri, continens confirmationem dicte donationis et pactorum in ea contentorum.

A. IX, fº xj; lict. X, fº xlvij : 13 février 1344. — Voir au nº 10.

100. Item, lictera regia et dalphinalis, que est undecima in ordine libri, continens confirmationem factam per dominum Carolum regem Francorum de dicta donatione cum aliis pactis in ea contentis.

A. XI, fº xiij; lict. XI, fº lvij vº : mai 1381. — Voir au nº 11.

101. Item, quoddam publicum instrumentum confectum manu Andrici Garini notarii, sub anno Domini M°CCC°LX-XXII° et die III decembris, et LXXXIII° et die XVI maii, continens ultimam transactionem et concordiam factam inter gentes domini nostri dalphini et vicarium domini Francisci protunc episcopi Gracionopolitani, de et super parrochie Herbeysii et extimatione ejusdem ac compensatione facta domino nostro dalphino de majori valore ipsius parrochie ; et incipit « In nomine Domini, amen », et est magnum instrumentum quia in eo inseruntur lictere regie et dalphinales, et etiam limites et confines dicte parrochie Herbeysii.

F. v, f° xxv ; lict. xviij, f° III xiij : juillet 1367 - 20 avril 1381 - 7 décembre 1381 - 3 décembre 1382 - 16 mai 1383. —

102. Item, quedam lictera regia et dalphinalis que incipit « Karolus Dei gracia Francorum rex, dalphinus Viennensis », data Parisius anno Domini M°CCC°LXXXIII°, mensis junii, continens confirmationem dicti instrumenti inmediate designati, in quibus licteris ipsum instrumentum ad plenum inseritur, non tamen in libro pergameni iterato inseritur dictum instrumentum, nisi dumtaxat principium et finis dicte lictere regie et dalphinalis continentis confirmationem predictam.

F. vi, f° xxxv ; lict. xix, f° viXX v : juin 1383. —

103. Item, quedam lictera que incipit « Karolus dominus de Bovilla, gubernator Dalphinatus », data die I decembris anno Domini M°CCC°LXXXIII°, in qua fit mencio quod blada parrochie Herbeysii debent portari ad castrum dicti loci, et de pluribus aliis.

F. vii, f° eod. ; lict. xx, f° viXX vj : 1er décembre 1383. —

104. Item, quoddam publicum instrumentum confectum manu Guioneti Grinde notarii, sub anno Domini M°CCC° XLIII° et die xxviii mensis octobris, continens qualiter domini decanus et capitulum ecclesie Gracionopolis ratifficaverunt et confirmaverunt transactionem et compositionem factas inter dominum Johannem episcopum Gracionopolitanum, et dominum Humbertum dalphinum Viennensem, in quibus dictus dominus dalphinus tradidit prefato domino episcopo parrochiam Herbeysii.

A. xxxvii, f° lxxviij ; lict. lxiiii, f° III xj v : 28 octobre 1343. —

105. Item, quoddam publicum instrumentum confectum manu Guillelmi Surrelli notarii, sub anno Domini M°CCC° LXXXXIII° et die xxⁱ mensis januarii, continens venditionem factam per fratrem Guillelmum de Commeriis, ordinis Sancti Anthonii, reverendo in Xpisto patri domino Aymoni episcopo Gracionopolitano, de quadam domo forti seu turri sita apud Herbeysium, una cum pratis et terris adherentibus et ibidem designatis.

F. xxii, f° cj; lict. lxxix, f° iiiⁱ lviij : 20 janvier 1393. —

106. Item, quoddam publicum instrumentum confectum manu Petri Chantelli notarii, sub anno Domini M°CCC°LX-XXIII° et die xxiiⁱ mensis decembris, continens venditionem factam Guillelmo Surrelli notario per Agnetam Fauresa de Visilia, uxorem nobilis Odonis Berengarii, de mistralia Herbeysii.

F. xix, f° cliij; lict. IIIIXX, f° iiiⁱ lij : 22 décembre 1383. —

107. Item, quoddam publicum instrumentum confectum manu Berthoni Boverii de Mura notarii, sub anno Domini M°CCCC°VII° et die xxviⁱ mensis augusti, continens venditionem factam per nobilem Arthaudam Bertrande domino episcopo Gracionopolitano de tribus eminis frumenti et omnibus aliis censibus quos habebat apud Herbeysium.

F. xvii, f° viˣˣ v; lict. IIIIXX xvii, f° iiiⁱ iiiiˣˣ xv : 26 août 1407. —

XIII. LICTERÆ TANGENTES CENSUS DOMINI DE PONTE VITREO IN PARROCHIIS ENGONIORUM, HERBESII ET VALLIS NAVIGII.

108. Et primo, quoddam publicum instrumentum confectum manu Johannis dicti de Pellamare, Parisiensis diocesis, et Guioneti Grinde notariorum publicorum, sub anno Domini M°CCC°XLVI°, indicione xiiiⁱ et die ultima mensis junii, continens venditionem factam per Henricum Guersi, procuratorem Guigonis de Ponte Vitreo, domino Johanni episcopo et venerabili capitulo ecclesie Gracionopolis, de censibus domini Girardi de Ponte Vitreo situatis in parrochiis Engoniorum, Herbesii et Vallis Navigii.

E. xlii, f° viˣˣ; lict. Cii, f° iiiⁱ iiiiˣˣ xj : 26 fév. 1345 -30 juin 1346. —

109. Item, quoddam publicum instrumentum confectum manu dicti Johannis Pellamare, sub anno Domini M°CCC° XLVIII°, indicione I°, die I° mensis januarii, continens ratifficationem dicte vendicionis factam per dominum Guigonem de Ponte Vitreo predictum.

E. IIII, f° vi°° xiij; lict. Cur, f° v° v° : 1° janvier 1348. —

110. Item, quoddam publicum instrumentum confectum manu Amblardi Balbi notarii, de prothocollis Guillelmi Rachesii notarii, sub anno Domini M°CCC°XIII°, die xxiiii° mensis aprilis, continens recognitiones factas dicto domino Girardo de Ponte Vitreo, de mandato domini Johannis dalphini Viennensis, de censibus predictis.

E. xxxv, f° vi°° xiiij; lict. Cur, f° v° iiij v° : 24 avril 1310 - 19 avril 1313. —

111. Item, quedam lictera que incipit « Nos Johannes dalphinus Viennensis », data anno Domini M°CCC°XIII°, die xvi° mensis julii, continens donationem dictorum censuum factam dicto domino Girando de Ponte Vitreo per dictum dominum dalphinum.

E. i, f° vi°° xv; lict. Cv, f° v° viij v° : 16 juillet 1313. —

112. Item, quoddam publicum instrumentum confectum manu Guillelmi Darerii de Cugneto notarii, sub anno Domini M°CCC°LXXXXI°, die xxi° mensis junii, continens acquisitionem factam per dominum Aymonem episcopum Gracionopolitanum a venerabili capitulo ecclesie Gracionopolis, de jure quod habebat in dictis censibus qui fuerunt domini Girardi de Ponte Vitreo.

E. xxxvii, f° vi°° xvj; lict. Cvi, f° v° x v° : 21 juin 1391. —

113. Item, lictera domini Jacobi de Monte Mauro, gubernatoris Dalphinatus, in qua inseruntur lictere domini Karoli Dei grocia Francorum regis et dalphini Viennensis, per quas fuit ordinatum quod dicti census possint remanere in manibus domini episcopi Gracionopolitani, actento tempore quo ipsos tenuit, et quod non compellatur eos ponere extra manum suam, data Gracionopolis, die xx° mensis aprilis, anno Domini M°CCC°LXXXXV°, manu Johannis Nicoleti secretarii dalphinalis signata.

E. xl, f° vi°° xvij; lict. Cvii, f° v° xvj : 18 février 1395 - 20 avril 1395. —

XIV. DE LICTERIS PENSIONUM ET SUBJECTIONUM PRIORATUUM
ET ECCLESIARUM PARTICULARIUM.

444. Et primo, quedam lictera que incipit « Noverint universi », data anno Domini M°CC°XLIII°, in qua fit mencio
qualiter domus de Feyssia pertinet domino episcopo Gracionopolitano et in ea percipere debet tria sestaria frumenti,
tres solidos et certam quantitatem cere annuatim.

H. xxxix, f° lxv ; lict. xlii, f° xiii^{xx} iij : 15 mars 1244. — Ed. Voir la
pièce annexe n° XI.

445. Item, alia lictera que incipit « Ego Hugo Gracionopolitanus episcopus », data anno Incarnationis Dominice M°
C°VIII°, indicione 1ª, vi° idus septembris, in qua continetur
quod dictus dominus episcopus dedit domino abbati Sancti
Theuderii ecclesiam de Tollino, retentis xv solidis de censu
et hospicio pro ipso et familia sua et xviii denariis pro pa-
rata.

P. xix, f° eod. ; lict. xliii, f° xiii^{xx} iiij : 8 septembre 1108. — Mss.
Cartul. de S¹ Hugues, 1ᵉʳ, n° 5 ; II°, n° 73 ; III°, n° 74. — Ed. U. Chevalier, Revue du Lyonnais, 3° sér., t. IV, p. 393-4 (Docum. inéd., p.
25-6.)

446. Item, alia lictera que incipit « Nos Villermus », data
anno Domini M°CC°LXIX°, mense junio, continens transactionem inter dominum episcopum Gracionopolitanum et
dominum abbatem Sancti Theuderii, de et super portione
quam dictus dominus episcopus habebat in decimis de Tollino, pro qua fuit concordatum ad xiiii libras annuatim dicto
domino episcopo solvendas.

P. xviii, f° eod. ; lict. xliii, f° xiii^{xx} iiij : juin 1269. — Ed. Voir la
pièce annexe n° XVII.

447. Item aliud publicum instrumentum quod incipit « In
nomine Domini, amen ; anno ejusdem M°CCC°X° », confectum manu Johannis de Sancto Johanne notarii, continens
quedam pacta facta inter dominum de Tollino et de Rippis
ex parte una et dominos episcopum, decanum et capitulum
ecclesie Gracionopolis ex alia, de et super decimis novalium
et eyssartorum parrochie de Tollino et de Rippis.

P. xi, f° lxvj ; lict. xlvii, f° xiii^{xx} v v° : 22 octobre 1310. —

418. Item, quedam lictera que incipit « Nos F(alco) Dei miseracione Gracionopolitanus episcopus », data anno Domini M°CC°LIX°, idus septembris, continens qualiter dominus episcopus Gracionopolitanus dedit monasterio Prati Mollis, ordinis Carthusie, domum de Permenia, retentis iiii°r caseis census et acto expresse quod si moniales dimicterent dictum locum, quod ipse locus reverteretur ad episcopatum Gracionopolis.

P. lxv, f° lxvij ; lict. xlviii, f° xiii^XX xlj : 13 septembre 1259. — Ed. Voir la pièce annexe n° XIV. — Trad. anc. fr. A. du Boys, op. cit., p. 497-9.

419. Item, quoddam publicum instrumentum confectum manu Symondi Meynerii de Sancto Marcellino notarii, sub anno Domini M°CCC°LXXXXVI°, continens qualiter domine priorissa et moniales Excubiarum et Permenie, ordinis Carthusie, recognoverunt domino episcopo Gracionopolitano v^e libras bone monete veteris de pensione annua, racione decimarum de Albenco que a dicto domino episcopo tenentur.

P. iiii, f°. lxvij ; lict. xlix, f° xiii^XX xiij : 16 janvier 1390. —

420. Item, quoddam publicum instrumentum confectum manu Johannis Fabri notarii de Gracionopoli, sub anno Domini M°CCC°LXX°, indicione viii^a et die xxviii^a mensis maii, continens recognicionem factam per dominum Humbertum de Claysio, priorem Sancti Nicesii, de uno sestario mellis de quo debet ipse prior v^e quarteyronos, curatus Pineti unam eyminam et curatus Sancti Martini de Uriatico tres quarteyronos.

P. xxvi, f° vi^XX iiij ; lict. iiii^XX xvi, f° iiii^c lxvij : 28 mai 1370. —

XV. DE HOMAGIIS NOBILIUM.

421. Et primo, quedam lictera que incipit « In nomine Domini nostri Jhesu Xpisti, anno M°CC°XX° », continens qualiter dominus Amedeus de Chasta miles accepit in feudum a domino Villermo episcopo Gracionopolitano quicquid habebat infra parrochiam de Pollinas et inde fecit homagium.

B. xvii, f° lxv ; lict. xlv, f° xiii^XX iiij v° : 1220. — Ed. Voir la pièce annexe n° V.

122. Item, quoddam publicum instrumentum confectum manu Garnerii de Conreyo notarii, incipiens « Anno Domini M°CC°LXX° », in quo continetur quod Guillelmus de Lentio recognovit se tenere a domino episcopo Gracionopolitano domum suam de Chepia et inde fecit homagium.

B. LII, f° lxvj; liet. xLvi, f° xiiXX v : 19 février 1270. — Ed. Voir la pièce annexe n° XIX.

123. Item, quoddam publicum instrumentum confectum manu Humberti Pilati de Buxeria notarii publici, sub anno Domini M°CCC°LIX°, indicione xiª, die xxª mensis januarii, continens concordiam factam inter bone memorie dominum Rodulphum de Chissiaco episcopum Gracionopolitan. et dominos Guigonem, Guillelmum et Hugonem de Commeriis, milites, et Johannem de Commeriis seniorem, de questionibus inter ipsos protunc existentibus, et ibi fit mencio de homagiis eorumdem.

F. xii, f° iiiXX viiij; liet. Lxxviii, f° iiiª iiiiXX j : 20 janvier 1359. —

124. Item, instrumentum publicum confectum manu Martini Ranulphi notarii, sub anno Domini M°CCC°XI°, indicione ixª, die viiiº mensis novembris, continens homagium prestitum domino G(uillelmo) episcopo Gracionopolitano per Jacobum Conio, filium Alberti Conio, et recognicionem plurium rerum ibidem descriptarum.

H. v, f° viiXX iij; liet. Cxiii, f° vª xiix : 8 novembre 1311. —

125. Item, aliud instrumentum confectum manu Johannis de Frigidavilla, de prothocollis Aymonis Clavelli et Johannis Palamare notarior. condam, sub anno Domini M°CCC° XLVII°, indicione xvª, xviiª mensis maii, continens homagium prestitum per Jaceronum Coni, filium Bernardi Coni, domino Johanni episcopo Gracionopolitano.

H. iii, f° eod., liet. Cxv, f° vª l : 17 mai 1347. —

126. Item, aliud instrumentum confectum manu ejusdem notarii de dictis prothocollis, sub data consimili, continens homagium prestitum dicto domino Jo(hanni) episcopo Gracionopolitano per nobilem Hugononum Coni, filium Jaceroni Coni.

H. iii, f° viiXX iiij; liet. Cxvi, f° vª iij : 17 mai 1347. —

427. Item, aliud instrumentum confectum manu Petri de Balma notarii, sub anno Domini M°CC°LXXVII°, indicione v^a, die veneris in festo Annunciationis Dominice, continens plura capitula et inter cetera recognicionem factam per Jacobum Coni domino episcopo Grationopolitano, de IIII^{or} sestariis frumenti census annuatim debitis.

—, f° eod. ; lict. Cxvıı, f° v° IIIĳ : 25 mars 1278. —

428. Item, aliud instrumentum confectum manu Guigonis de Sancto Martino, sub anno Domini M°CC°LXVI°, indicione ıx^a, xııı° kalendas novembris, continens recognicionem factam per dominum Guillelmum de Claysio militem domino G(uillelmo) episcopo Gracionopolitano, de domo sua de Balma et aliis que tenebat ibidem.

G. xlvı, f° vıı^{xx} v ; lict. Cxvııı, f° v° lv : 20 octobre 1266. — Voir la pièce annexe n° XVI.

429. Item, aliud instrumentum confectum manu Garnerii de Conreyo notarii, sub anno Domini M°CC°LXXI°, die martis ante festum Annunciationis Beate Marie, continens recognicionem factam per Heustachium de Cleymes domino episcopo Gracionopolitano, de hiis que tenebat apud Chaux et alibi in parrochia Sancti Martini Vinosi sub censu annuo.

G. xcvıı, f° eod. ; lict. Cxıx, f° v° lv v° : 24 mars 1271. —

430. Item, aliud instrumentum confectum manu Johannis Margalli notarii, sub anno Domini M°CC°LXXXXIII°, xvıı° kalendas novembris, continens recognicionem factam domino G(uillelmo) episcopo Gracionopolitano per Chabertum de Cleriaco, de veheria Cleriaci et pertinenciis ejusdem cum homagii prestatione.

G. Cxlvıı, f° vıı^{xx} v ; lict. VI^{xx}, f° v° ıııı^{xx} ĵ : 16 octobre 1293. — Ed. Valbonnais, Mém., p. 148; Hist., t. I, p. 145-6. — Cf. Bréquigny, VII, 363.

431. Item, aliud instrumentum confectum manu Johannis Mathei notarii, sub anno Domini M°CCC°XLIIII^{to}, indicione xıı^a, die ıx° mensis januarii, continens recognicionem factam per dominum G(uillelmum) de Royno militem juniorem domino Johanni episcopo Gracionopolitano, de dicta veheria Cleriaci cum juribus et pertinenciis ipsius et homagii prestatione.

B. lı, f° vıı^{xx} vĵ : lict. VI^{xx} ı, f° v° ıııı^{xx} ĵbıs v° : 9 janvier 1344. —

132. Item, aliud instrumentum confectum manu dicti Johannis Mathey notarii, sub anno Domini M°CCC°XLIIII°, indicione XIIª, die XIIª januarii, continens particularem recognicionem factam de dicta veheria per dictum dominum Guillelmum de Royno.

C. Cxxxii, fº ccd.; lict. vIXX II, fº vª vIIXX ij vº : 12 janvier 1344. — Ed. Valbonnais, *Mém.*, p. 148-9; *Hist.*, t. I, p. 146.

133. Item, quoddam instrumentum confectum manu Guiberti Pollieni, de prothocollis Michaelis Comberii, sub anno Domini M°CCC°LX°, indicione XIIIª et die vª januarii, continens recognicionem et homagii prestationem factas domino episcopo Gracionopolitano per dominum Hugonem de Commeriis pro prato de Plana et veheria Cleriaci, quod instrumentum est divisum et continet duo instrumenta.

B. xviii, fº vIIXX vIj; lict. VIXX III, fº vª IIII IIIj vº : 5 janvier 1360. —

134. Item, quoddam publicum instrumentum confectum manu Francisci Bermundi notarii, sub anno Domini M°CCC° LIX°, indicione XIIª, die vIª martii, continens recognicionem et homagii prestationem factas domino R(odulpho) episcopo Gracionopolitano per dominum Bosonem de Porta Tronia militem, de domo et veheria Porte Troynie et pertinenciis ipsius.

B. xlvi, fº vIIXX ix; lict. VIXX v, fº vª mXX xIIj : 6 mars 1359. —

135. Item, instrumentum confectum manu Francisci Bermundi notarii, sub anno Domini M°CCC°LXII° et die xxª mensis julii, in quo continetur homagium prestitum per nobilem Reynaudum Repellini domino Rodulpho episcopo Gracionopolitano pro molendinis de Blancheria.

C. Cxlix, fº vIIXX xIIj; lict. VIXX vIII, fº vIª xIIIj : 20 juillet 1362. —

136. Item, instrumentum confectum manu Guillelmi Surrelli notarii, sub anno Domini M°CCCC°II° et die xvª mensis novembris, continens homagium prestitum per dominum Hugonem Grinde militem, dominum de Molario, reverendo in Xpisto patri et domino domino Aymoni episcopo Gracionopolitano, de parte sua dictorum molendinorum de Blancheria.

C. CvIII, fº vIIXX xIIIj; lict. VIXX ix, fº vIª xxj vº : 15 novembre 1402. —

437. Item, quoddam publicum instrumentum grossatum per Franciscum Nicoleti secretarii dalphinalis, notarium publicum, vigore commissionis domini gubernatoris Dalphinatus, date die xixᵃ januarii MᵒCCCCᵒXIIᵒ, de prothocollis domini Humberti Pilati condam, sub anno Domini MᵒCCCᵒ XXXVᵒ, indicione iiiᵃ, die xviiiᵃ mensis septembris, in quo continetur quod dominus Guigo de Valle Navigio jurisperitus confessus (est) se tenere a domino episcopo Gracionopolitano domum suam de Bornonenchiis, sitam versus Pertuyseriam Gracionopolis, contiguam muris civitatis Gracionopolis juxta domum Helene uxoris Andree de Grolea et carreriam per quam itur versus Pertuyseriam et versus portam Troyniam, sub placito iiiiᵒʳ librarum cere in mutatione possessoris.

C. Cxlviii, fᵒ vuˣˣ x; lict. VIˣˣ vi, fᵒ vᵉ nuˣˣ xvj : 18 septembre 1335, 19 et 22 janv. 1412. —

Ici se termine la table méthodique du Cartulaire original, complétée pour plusieurs articles à l'aide de celle qui se trouve en tête de la copie de 1417 ; bien qu'elle suive l'ordre du Cartulaire, elle ne comprend pas les pièces ajoutées à la transcription et dont nous allons donner le sommaire par ordre chronologique, d'après l'Inventaire de 1500, dont nous ferons l'objet d'une Notice particulière.

438. Et primo, instrumentum receptum per Guigonem de Sancto Martino, anno Domini MᵒCCᵒLXVᵒ, xiiiiᵒ kalendas octobris, continens vendicionem factam per Guilliermum mistralem de Boccoyrone Guilliermo de Montibus mercerio, de quadam vinea sita in parrochia Meolani, loco dicto in Castelleria, que movetur de feudo domini episcopi.

H. xxiii, fᵒ xiiˣˣ : 18 septembre 1265. —

439. Item, aliud instrumentum receptum per eumdem notarium, continens ratifficacionem factam de venditione supra proxime in precedenti articulo mentionata, per Hermengardam uxorem dicti Guilliermi mistralis et Bernardum ejus filium.

H. xxiii, fᵒ xiiˣˣj vᵒ : 29 octobre 1265. —

440. Item, investitura facta per dominum Franciscum (Falconem ?) episcopum dicto de Montibus emptori, de dicta

pecia vinee sibi vendita per *dictum Guilliermum* mistralis, sigillata sigillo domini episcopi, vii° kalendas octobris, anno Domini M°CC°LXV°.

H. xxv, f° xiii°° ij : 25 septembre 1265. —

441. Item, publicum instrumentum confectum manu Raymundi de Terracia notarii, sub anno Domini M°CC°LXXII°, indicione xi° (i° ?), iii° kalendas marcii, continens donationem et remissionem factas domino Guillelmo episcopo Gracionopolitano per dominum Johannem de Brianczone, fratrem Aymerici de Brianczone, de jurisdictione in homines mandamenti Gerie et Aybeni et parrochiarum de Vennone, de Sancto Martino de Hera et de Bressone; item anno sequenti, xvii° kalendas aprilis, domina Margarita, uxor nobilis domini Aymerici de Brianczone, predicta ratificavit.

—, f° v° xliij v° : 27 février 1273 - 16 mars 1274. —

442. Item, aliud publicum instrumentum confectum manu Thome Grivelli notarii, sub anno Domini M°CC°LXXXI°, indictione ix°, die martis ante Ascensionem Domini, continens confirmacionem factam per Hugonetum et Humbertum de Bososello, filios domini Jacobi de Bososello militis, de concordia inter dominum Guillelmum episcopum Gracionopolitanum et dictum dominum Jacobum de Bososello.

—, f° iiii° xix : 20 mai 1281. —

443. Item, quedam lictere judicis Gerie et de Eybeno pro domino episcopo, date die veneris post octavas beati Martini, anno M°CC°LXXXVIII°, per quam mandat idem judex micti in possessionem Odonem Girardi de certis bonis Ansermi ejus fratris, de certis bonis in parrochia Muriannete.

L. Cu, f° xviij : 19 novembre 1288. —

444. Item, vendicio facta per Guigonetum de Balma Heustachio de Clemes, de certis vineis, hominibus et tenementariis in parrochia Sancti Martini Vinosii, cum investitura eidem emptori facta per dominum episcopum et cum recognicione eidem domino episcopo per dictum de Clemes de dictis rebus facta sub homagio ligio et fidelitatis juramento, recepta per Stephanum de Murianeta, anno Domini M°CC°XCII° et die mercuri post octavas Penthecostes.

G. xli, f° v° lvij : 4 juin 1292. —

145. Item, aliud instrumentum confectum manu Garnerii Chavallerii notarii, sub anno Domini M°CCC°III°, indicione i°, die martis ante Carniprivium novum, continens recogniciones censuum permutatorum domino episcopo Gracionopolitano per dominum priorem Sancti Martini de Miseriaco.

—, f° xi°°vj : 19 février 1303. —

146. Item, publicum instrumentum confectum manu Martini Ranulphi notarii, sub anno Nativitatis Domini M°CCC° XIIII°, indicione xii° et xv° mensis octobris, continens albergamentum molendini, siti in parrochia de Proveysiaco, factum Guigoneto Malleni per dominum G(uillelmum) episcopum Gracionopolitanum.

—, f° xvj : 15 octobre 1314. —

147. Item, recognicio facta per nobilem Berardum Grinde de medietate molendinorum de Blancheria ad tres eyminas frumenti census cum placito et fidelitate, recepta per Guigonem Frumenti anno Domini M°CCC°XXXIX° et die xiiii° mensis julii.

C. lxxviii, f° vi° xvij : 14 juillet 1339. —

148. Item, aliud instrumentum confectum manu Andree Garnerii notarii, sub anno Domini M°CCC°LVII° et die xiiii° mensiis maii, continens vendicionem factam domino Guigoni de Comeriis per dominum Petrum Muale et Briandam de Clemis uxorem ejus.

—, f° v° lxix : 14 mai 1357. —

149. Item, homagium factum domino episcopo per nobilem Johannem de Clemiis de ejus domo cum vineis, plassagiis et aliis rebus quas tenet in parrochia Sancti Martini subtus castrum de Balma, receptum per Johannem Porterii, anno Domini M°CCC°LIX°, die xxi° mensis febroarii, grossatum per commissionem.

G. xlviii, f° v° lxxvij : 21 février 1359. —

150. Item, quoddam instrumentum satis laxeratum corrosum, receptum per Johannem de Frigidavilla, Guyonetum Grinde et Michaelem Comberii, continens concordiam factam inter dominum episcopum et dd. Hugonem et Guigonem de Comeriis super homagio dicto domino episcopo prestando per dictos de Comeriis, de hiis que tenebant apud Herbésium et super aliis rebus, sub data anno Domini M°CCC°LX°¹ xxviii² mensis decembris.

E. xx, f° iii° lxvj : 28 décembre 1300. —

451. Item, instrumentum permutationum factarum inter Petrum Ysmidonis de pastqueriis et Reynaudum Repellini, de xxx sestariis frumenti census quos percipiebat dictus Ysmidonis super molendinis de Blancheria et super domibus, ediffiicis et aliis pertinenciis dict. molendinorum, necnon et x solidis super iii quartalatis terre sitis versus Blancheriam, cum certis aliis rebus in dicto instrumento designatis, receptum per Johannem Eustachii, anno Domini M°CCC° LXII° et die xxviii² mensis marcii.

C. x, f° vi° x : 28 mars 1362. —

452. Item, aliud instrumentum receptum per Johannem Symonis, anno Domini M°CCC°LXXII° et die xxi² mensis maii, continens arbitralem sentenciam latam per dominum priorem majoris domus Cartusie, super controversia que tunc erat inter dominum episcopum et dominum Intermoncium, super limitibus mandamentorum Intermoncium et Sancti Illarii subtus collum de Jasselino nec non et de pluribus aliis controversiis, injuriis et dampnis hinc inde pretensis, in dicto instrumento declaratis.

J. vii, f° xiiiixx v : 21 mai 1372. —

453. Item, recognitio facta per Johannem et Reynaudum Repellini domino episcopo de xxx sestariis frumenti que eisdem recognoscentibus faciebat Glaudius Mathei super medietate pro indiviso molendinorum de Blancheria, domorum, ediffiiciorum et pertinencium eorumdem molendinorum, in feudum franchum et homagium ligium domino episcopo prestandum, recepta per Franciscum Bermundi, anno Domini M°CCC°LXXIII°, die xvi² mensis maii.

C. li, f° vi° xv : 10 mai 1373. —

454. Item, instrumentum divisionum factarum inter nobiles Rodulphum, Petrum, Joffredum et fratrem Guilliermum (de) Comeriis, filios condam domini Guigonis de Comeriis, de bonis dicti condam domini Guigonis, in quibus ad partem domini Hugonis decani pertinent domus Herbesii cum possessionibus et censibus ejusdem, receptum per Franciscum

de Briansonesio, anno Domini M°CCC°LXXXI°, die xxª mensis marcii.

E. xvııı, fº vıº xlıx : 20 mars 1381. —

155. Item, instrumentum recognicionis facte per dominum priorem Vallis Bonesii domino episcopo de x sestariis silliginis debitis singulis annis super ipso prioratu, receptum per Roletum Virdi, anno Domini M°CCC°LXXXVI°, die xxvᵉ mensis aprilis.

P. xxv, fº vıº xxıx : 25 avril 1386. —

156. Item, concessio facta per dominum Aymonem, episcopum Gracionopolitanum, Anthonio Manourerii, habitatori Gracionopolis, construendi furnum in domo quam inhabitat, anno Nativitatis Domini M°CCCC°III° et die ultima mensis maii.

—, fº vıº xxxj : 31 mai 1403. —

157. Item, instrumentum receptum per Petrum Guicharelli, anno Domini M°CCCC°X°, xıª febroarii, in quo continetur obligacio facta domino episcopo per dominum Johannem Rostagni, priorem Lancii, de certis quantitatibus bladi et peccunie debitis pro pensione quam facit annuatim domui episcopali pro decimis dicti prioratus Lancii.

P. ıxı, fº vıº xxv : 11 février 1410. —

INDEX

PERSONARUM ET LOCORUM.

—

(LES CHIFFRES RENVOIENT AUX NUMÉROS DE L'INVENTAIRE; LE SIGNE —
SUPPLÉE A LA RÉPÉTITION DU MOT PRINCIPAL
DE L'ARTICLE.)

—

PIÉCES ANNEXES.

·

~~~~~~~

I.

BULLA INNOCENTII II PAPE, QUOD EPISCOPUS ET CANONICI
GRATIANOPOL. DEBENT ESSE REGULARES[1].

31 MAI 1130.

INNOCENCIUS episcopus, servus servorum Dei, venerabili
fratri Hugoni Grationopolitano episcopo ejusque succes-
voribus canonice promovendis, imperpetuum. — Quisquis
post hujus vite terminum celestis regni gloriam cupit acquirere, expedit ut nequaquam cum mundi amatoribus in
foro ociosus existat, sed pocius pro accipiendo denario in
sinea summi patris familias sollicite operetur. Omnipotenti
siquidem Domino gracias agimus et fraternitati tue sincero
gratulamur affectu, qui sicut bonus pastor et diligens supra
commissum tibi gregem dominicum prudenter vigilas, et
eum de die in diem ad salutaria pascua ducere ac provocare
contendis. Et nos igitur, quibus precipue inminet bona stu-
dia mutuis suffragiis adjuvare et piis desideriis assensum
pariter adhibere, postulationes tuas, karissime frater Hugo
episcope, libenter admittimus, statuentes ut ordo qui secundum beati Augustini regulam tuo laudabili studio est in
Grationopolitana ecclesia, Deo gratias, institutus ibidem
futuris temporibus irrefragabiliter observetur et, decedenti-
bus clericis qui inpresentiarum in ea Domino famulantur,
nullus eis nisi regularem vitam professus canonicus surro-
getur; obeunte quoque te nunc ejusdem loci episcopo, nemo
ibi preterquam religiosus monachus aut regularis canonicus

preponatur qui eidem ecclesie, cooperante Domino, preesse valeat et prodesse. Nulli ergo omnino hominum fas sit quod a te super institucione prefate ecclesie factum est infringere vel minuere, seu qualibet occasione convellere, sed omnia in suo vigore ac firmitate permaneant quemadmodum a tua discretione noscitur stabilitum. Si quis igitur infuturum hujus nostre constitucionis paginam sciens contra eam temere venire temptaverit, secundo terciove conmonitus si non satisfactione congrua reatum suum correxerit, a sacratissimo Corpore et Sanguine Dei et Domini nostri Jhesu alienus fiat atque in extremo examine divine ulcioni subjaceat; obedientes autem statutis nostris Omnipotentis Dei et beatorum apostolorum Petri et Pauli gratiam consequantur. Amen, amen, amen.

Ego Innocentius, catholice ecclesie episcopus, (subscripsi). — Data Pisis, per manum Aymerici sancte Romane ecclesie diaconi cardinalis et cancellarii, secundo kalendas junii, indicione xiii, Incarnationis Dominice anno M°c cen t°̄™° XXXVI°, pontificatus domini Innocentii pape II anno quinto.

(1) Cartulaire copie d'Aimon de Chissé, f° iii° vij v° (n° 40 de la Notice). — Sur le pape Innocent II, voir notre *Cartulaire de l'abbaye de Léoncel* (Collect. de Cartul. Dauph., t. IV), p. 4, n. 1. Cette bulle doit précéder ou suivre le n° 5550 des *Regesta pontific. Romun.* de JAFFÉ.

II.

BULLA EUGENII III PAPE CONFIRMATORIA BONORUM EPISCOPATUS ET DECLARATIONIS SUPER LIMITIBUS[1].

21 DÉCEMBRE 1145.

Eugenius episcopus, servus servorum Dei, venerabili fratri Hugoni Grationopolitano episcopo ejusque successoribus canonice promovendis, imperpetuum: — Cum ex injuncto nobis a Deo apostolatus officio fratres nostros episcopos communiter honorare ac diligere debeamus et ecclesiis sibi commissis suam justiciam conservare, illos tamen propensiori studio caritatis nos convenit confovere quos ampliorum avorum honestate ac religionis nitore constat esse per Dei gratiam illustratos. Hujus rei gratia, karissime frater

Hugo episcope, quem utique caritate sincera et intima affec-
tione complectimur, tuis peticionibus clementer annuimus
et Grationopolitanam ecclesiam, cui Deo auctore presides,
sub beati Petri et nostra protectione suscipimus et presentis scripti privilegio communimus; statuentes ut quascum-
que possessiones, quecumque bona eadem ecclesia inpre-
senciarum juste et legitime possidet aut infuturum concessione pontificum, largicione regum, liberalitate principum,
oblacione fidelium seu aliis justis modis Deo propitio poterit
adipisci, firma tibi tuisque successoribus et illibata permaneant, in quibus hec propriis duximus exprimenda vocabu-
lis : in episcopatu scilicet Viennensi ecclesiam Sancti Donati cum ecclesiis et possessionibus ad eam pertinentibus,
sancimus etiam ut liceat tam tibi quam successoribus tuis
in eisdem ecclesiis personas atque rectores de regularibus
pro nostro arbitrio constituere et possessiones ad eas pertinentes juxta nostram providenciam libere ordinare ; in episcopatu Grationopolitano ecclesiam Sancti Boniti de Vilari
cum capella et omnibus ad eam pertinentibus; adicientes
ut ordo *(ut in ch. I. l. 15)*... deced. ejusd. ecclesie canonicis secularibus, nullus ... subrogetur, sed pocius nume-
rus secularium clericorum absque contradicione alicujus
pro nostro arbitrio ex eisdem regularibus suppleatur ; sed
neque cuilibet hominum liceat fratres regulares ibidem jam
positos aut ponendos eicere aut eorum personas quibuslibet
gravaminibus aut infestationibus fatigare, nisi dumtaxat
tibi tuisque successoribus propriis ac certis eorumdem fratrum exigentibus culpis. Simili modo statuimus ut procu-
ratores qui de secularibus clericis prefate ecclesie fieri sole-
bant, non nisi de regularibus amodo fieri liceat; obeunte
(ut ibid., l. 24)... stabilitum. Preterea concordiam inter
beate memorie Guidonem Viennensem archiepiscopum et
Hugonem predecessorem tuum factam de terminis parrochia-
libus in Salmoriacensi territorio, auctoritate et precepto predecessoris nostri sancte recordationis Paschalis pape, quemadmodum in ejus et pape Honorii[2] ac beate recordationis
Innocentii pape[4] privilegiis continetur, nos auctoritate apos-

tolica confirmamus et firmam futuris temporibus et inviola
bilem manere decernimus, ut videlicet quicquid in territorio infra Bornam et Yseram versus Grationopolim consti-
tuto Viennensis archiepiscopus calumpniabatur, ab omni
deinceps infestatione liberum Grationopolitana ecclesia possideat. Porro ecclesiam Beati Donati, que infra Viennensem parrochiam continetur, cum omnibus mobilibus sive
inmobilibus ad eam pertinentibus, proprietario jure Grationopolitanus episcopus possideat, et tam canonicas ipsius ecclesie quam universa ad eam pertinentia, sicut supra dictum est, ipse disponat; Viennensis vero parrochiali tantum
jure in consecratione clericorum et altarium utatur. Prefati
vero Salmoriacensi pagi talis est divisio facta, ut undecim
castella cum ecclesiis, parrochiis et totis mandamentis suis
Viennensi ecclesie, item undecim castella cum ecclesiis et
parrochiis suis et totis mandamentis ecclesie Grationopolitane darentur; hec sunt nomina castellorum que Grationopolitane ecclesie adjudicata sunt : castrum videlicet Vinnai-
cum, castrum Nerpoicum, Castrum Novum, castrum Tolli-
num, castrum de Ripis, castrum Moyrencum, castrum Voy-
ronis, castrum Tulvonis, castrum Miribellum, castrum Mi-
nuetum, (castrum) de Scalis, castrum Vorapium, et super
hec ecclesia de Cacellaico cum tota parrochia sua*. Se (leg.
si) vero alter adversus alterum in deliberata parte questiones aut violencias fecerit juxta condicionem qua se in judicio uterque constrinxit, accepte porcionis possessione careat
et omne deinceps agendi jus in eodem negocio prorsus amic-
tat. Ad hec, quemadmodum a prefatis predecessoribus nostris constat esse auctoritate apostolica roboratum, nos quoque repetita precepcione firmamus, ne Viennensis archiepiscopus ulterius in illa parte Gracionopolitane ecclesie aut
pacem aut communiam aut aliquam exactionem requirat
aliter quam in Diensi aut Vivariensi parrochia ad Viennensem metropolim pertinente. Concordiam sane de controversia que de castello Montis Bonodi, de ecclesiis, cimiteriis,
decimis et sponsaliciis ecclesiarum a Guigone Albionensium
comite refutatis et omnino relictis, seu de quibuslibet aliis

inter predictum fratrem nostrum Hugonem Gracionopolitanum episcopum et ipsum comitem agitabatur, de libertate
quoque clericorum Gracionopolitani episcopatus et ecclesie
Sancti Donati et bonorum suorum ac familie canonicorum,
quam ipse comes indebite perturbabat, per manum venera-
bilium fratrum nostrorum Leodegarii Vivariensis (et) Petri
Diensis olim episcoporum, ejusdem assensu et tam uxoris
sue Matildis quam filiorum, Guigonis scilicet atque Hun-
berti, collaudatione in presencia legitimorum testium factam, Betonis videlicet, Galterii regularis canonici, Galterii
Calneusii, Guigonis conversi, Guillelmi de Cassenatico,
Bernardi Rustiquelli, Leotardi⁶, auctoritate apostolica nichilominus confirmamus; donum preterea sepedicti comitis
Grationopolitane ecclesie et episcopo ad perpetuos successorum usus suorum oblatum, condaminam videlicet de Cur-
bonnante, terciam partem lesdarum in mercatis et in feriis
Montis Bonoudi, et in burgo ipsius castelli unum burgen-
sem, qui vocabatur Andreas, cum domo sua, et aliud casa-
mentum ubi capellanus episcopi faceret domum, vobis similiter roboramus. Decernimus ergo ut nulli omnino hominum
liceat prefatam ecclesiam temere perturbare aut ejus possessiones auferre vel ablatas retinere, minuere aut aliquibus
vexacionibus fatigare, sed omnia integra conserventur eorum, pro quorum gubernatione et sustentatione concessa
sunt, usibus omnimodis profutura : salva sedis apostolice auctoritate. Si qua igitur infuturum ecclesiastica secularisve
persona hanc nostre constitut. *(ut. in ch. I, l. 29)* ... com-
monita ... congrua emendaverit, potestatis honoris que
sui dignitate careat reamque se divino judicio existere de
perpetrata iniquitate cognoscat, et a sacratis. Corp. ac Sang.
Dei et Dom. Redemptoris nostri Jhesu Xpisti aliena fiat
atq. in extr. exam. districte ulc. subjaceat : cunctis autem
eidem loco justa servantibus sit pax Domini nostri Jhesu
Xpisti, quatinus et hic fructum bone actionis percipiant et
apud districtum judicem premia eterne pacis inveniant.
Amen, amen, amen.

'† Ego Eugenius, catholice ecclesie episcopus, subscripsi (SS.).

† Ego Albericus, Ostiensis episcopus, subscripsi.

† Ego Imarus, Tusculanus episcopus, subscripsi.

† Ego Rainerius, presbiter cardinalis tituli Sancte Prisce, SS.

† Ego Julius, presbiter cardinalis tituli Sancti Marcelli.

† Ego Ubaldus, presbiter cardinalis tituli Sancte (Praxedis).

† Ego Guido, diaconus cardinalis Sanctorum Cosme et Damiani.

† Ego Octavianus, diaconus cardinalis Sancti Nicolai in Carcere Tulliano.

† Ego Astaldus, diaconus cardinalis Sancti Eustachii juxta Templum Agrippe.

— Data Lat(erani), per manum Roberti sancte Rom(an)e ecclesie presbiteri cardinalis et cancellarii, xii kalendas januarii, indicione viii, Incarnationis Dominice anno M° centesimo XL quinto, pontificatus vero domini Eugenii III pape anno primo.

(1) Cartul. copie d'Aim. de Chissé, f° xiiXX ij (n°° 39, 61 et 70 de la Notice). — Sur le pape Eugène III, voir notre Cartul. de l'abb. de Léoncel, p. 6, n. 1. Cette bulle doit former le n° 6184 bis des Regesta Pont. Rom. de JAFFÉ.

(2) Voir, sur les sources de cette bulle de Pascal II, en date du 2 août 1107, le n° 62 de la Notice. — (3) Cette bulle inéd. d'Honorius II, du 20 févr. 1129, se trouve dans le III° Cartulaire de S¹ Hugues, n° 108 (complète les Regesta de JAFFÉ, après le n° 5291). — (4) Nous ne connaissons pas d'autre bulle d'Innocent II en faveur de l'église de Grenoble que celle qui précède.

(5) Voir touchant ces localités le commentaire de CHARVET sur la bulle de 1107 (Hist., p. 661).

(6) Cet accord, du 5 sept. 1118, est dans le III° Cartul. de S¹ Hugues, n° 85 ; il fut confirmé par le pape Calixte II, le 13 juil. 1119 (ibid., n°° 86 et 107).

(7) A gauche de la souscription du pape deux cercles concentriques, dont le plus grand contient sa devise : « †Fac mecum, Domine, signum in bonum (Psal. LXXXV, 17) »; dans les quartiers du plus petit : Srus Petrus, Srus Paulus, Eugenius papa III. A gauche le monogramme Benevalete.

III.

BULLA ALEXANDRI III, NE FEUDUM ECCLESIE ALIENETUR[1].

27 FÉVRIER (1100-7).

A LEXANDER episcopus, servus servorum Dei, venerabili fratri J(ohanni) Gracionopolitano episcopo, salutem et apostolicam benedictionem. Si quando postulatur a nobis quod juri conveniat et ab ecclesiastica honestate non dissonet, petencium desideriis facilem nos convenit prebere consensum eorumque vota effectu prosequente complere. Hac itaque ratione inducti et tuis justis postulacionibus inclinati, auctoritate duximus apostolica statuendum, ut nulli feodum quod ad Gracionopolitanum episcopum pertinet liceat donare, vendere, pignorari, obligare vel in aliquam personam religiosam vel pium locum sine tua vel Gracionopolitani episcopi qui pro tempore fuerit voluntate conferre ; quod si cujusquam fuerit temeritate presumptum, factum ipsum irritum habeatur. Nulli ergo omnino hominum liceat hanc paginam nostre constitutionis infringere vel ei ausu temerario contraire : si quis autem hoc attemptare presumpserit, indignacionem Omnipotentis Dei et beatorum Petri et Pauli apostolorum ejus se noverit incursurum. Datum Laterani, III kalendas marcii.

(1) Cartul. copie d'Aim. de Chissé, f° III° vij (n° 23 de la Notice). — Sur le pape Alexandre III, voir notre Cartul. de l'abb. de Léoncel, p. 16, n. 1. Bulle à classer sous le n° 7561 des *Regesta* de JAFFÉ.

IV.

ASSOCIATIO DALPH. IN MEDIETATE FURNORUM GRACIONOPOLIS[1].

1213

N E prolixitate temporis et debilitate memorie rei geste veritas labi valeat, presentis instrumenti recordatione innotescat modernis ac posteris quod, cum furni civitatis Gracionopolis ejusdem episcoporum juris et proprietatis sint perpetuo, dom. Johannes Gracionopolis episcopus, actendens et audiens relacione frequenti ibidem inhabitancium furnos qui tunc ibi erant non posse sufficere multiplicationi populi, duos facere furnos proposuit; cui, dum in tali esset proposito, nobilis vir Andreas dictus Dalphinus, comes Albonii et Vienne palacii, preces effudit ut in duobus faciendis furnis partionarium in sumptibus atque proventibus ipsum statueret et hoc daret ei in feudum. Cujus peticionem dictus Johannes Gracionopolis episcopus exaudiens, duorum furnorum medietatem ei concessit in feudum et juxta comunem consuetudinem ipsum inde manualiter investivit: tamen, in majorem recordationem dominii, ipse memoratus dom. Gracionopolis episcopus sibi retinuit suisque successoribus imperpetuum omnes proventus duorum dictorum furnorum a festo beati Vincencii usque ad octabas ejusdem completas. Testes convocati fuerunt Guigo Alamandi, Stephanus marescalcus pretaxati dom[i] comitis, Chaciternus, Humbertus de Garda, Petrus Chalnesii, Vullelmus de Terracia, Poncius de Manso; dom. Johannes Gracionopolis decanus, Boso sacrista, Aymo archipresbiter, G. procurator episcopi, G. procurator canonicorum Gracionopolis, P. Guolisii, G. Calnesii, Desiderius de Clays, Maurinus, Gracionopolis canonici et alii omnes de capitulo. Et ad majorem firmitatem, supradicti domini Johannes Gracionopolis episcopus et Andreas dictus Dalphinus, comes Albonii et Vienne palacii, presens scriptum sigillorum suorum munimine roboraverunt. Actum mill'o II°XIIJ° anno Dominice Incarnacionis.

(1) Cartul. copie d'Aim. de Chissé, f° III° xv (n° 27 de la Not.); à la fin: Sig(illatum) est [sig(illo) et facta est collacio xx decembris (M°) IIII° XIIIJ.

V.

INFEUDAMENTUM AMEDEI DE CHASTA MILITIS[1].
1220.

IN NOMINE Domini nostri Jhesu Xpisti, anno M°CC°XX° Incarnacionis ejusdem, notum sit modernis et posteris quod Amedeus de Chasta miles, assenciente et volente matre sua ad quam res jure dotis spectat, accepit in feudum quitquid habet in alodio infra parrochiam de Polliniaco a domino Villelmo Gracionopolis episcopo et successoribus suis,

juramento prestito quod illud totum est sui proprii alodii
et quicti; juravit preterea, uxore sua laudante hec omnia,
se fidelem esse defensorem hujus rei si forte aliquis me-
moratum dom. episcopum vel successores suos in dicto
feudo presumeret molestare. Postea vero ipse dom. episcopus dedit trescentos solidos memorato Amedeo receptos ab
eo omnino pro dicto feudo, et trescentos alios solidos memo-
rate superius matri sue. Ceterum ad preces utriusque partis
venerabilis Johannes Viennensis archiepiscopus, in cujus
presencia fuerunt hec facta, presens instrumentum sigilli
sui munimine roboravit et, si dictus Amedeus contra juramentum suum veniret in hac parte, ipse dom. Viennensis
archiepiscopus de mandato et voluntate ipsius ipsum et terram suam supponeret interdicto.

(1) Cartul. copie d'Aim. de Chissé, f° xiir₌ iiij v° (n° 121 de la Not.)

VI.

DONATIO ECCLESIE DE CHAMPAGNIACO FACTA PER EPISCOPUM ECCLESIE SANCTI ANDREE GRACIONOPOLIS[1].

13 AVRIL 1220.

IN NOMINE sancte et individue Trinitatis, anno Incarnacionis Domini nostri Jhesu Xpisti millesimo ducentesimo
XXVJ°, idus aprilis, Honorio papa, Frederico inperatore re-
sidentibus, nos Sofredus Gracionopolitane ecclesie episcopus,
cum consensu Roberti decani et tocius capituli ejusdem ecclesie, considerantes pium propositum et devocionem erga
Deum nobilis viri Andree dalphini, comitis Vienne et Albo-
ni, ad instanciam precum ipsius, contemplacione divine
caritatis, concedimus libere et absolute eidem Andree ecclesiam de Campanneio cum suis pertinenciis, sub hac forma
videlicet ut in ea tresdecim canonicos seculares constituat,
quorum major sit prepositus, qui libere a capitulo suo eligatur, quo electo episcopo Gracionopolitane ecclesie presen-
tetur ut ab eo confirmetur, quo confirmato obedienciam et
fidelitatem faciat episcopo supradicto; ipse vero prepositus
electionem et institucionem suorum canonicorum et thesaurarii sui plenariam habeat, sui capituli cum concensu, cap-

pellanus autem qui in eadem ecclesia curam animarum habuerit a preposito et capitulo eligatur et episcopo presente-
tur ut ab eo curam animarum recipiat et pro cura, sicut et
alii cappellani illius diocesis, obedientiam faciat episcopo
sepedicto. Preter hoc retinemus ut in predicta ecclesia jus
diocesianum salvum sit imperpetuum episcopo et suis successoribus, sicut in aliis ecclesiis dicte diocesis, videlicet
quoad clericos ordinandos et consecrationes altarium et ec-
cleste procurationes et visitationes, et quod res canonicorum
cathedralis ecclesie eisdem sint salve, sed prepositus juridictionem plenariam in suis habeat canonicis; in qua exer-
cenda si ipsum negligenter versari seu deficere contingeret,
ipsum ad eam exhibendam distringere valeamus. Si vero
inter capitulum et prepositum oriretur contencio, per ipsum
episcopum dirimatur. Item retinemus nobis in parrochia dicte
ecclesie decimas in integrum, pascairagia, census et jura nostra alia, sicut antea ibidem habebamus. Verum, quia monstruo-
sum esset prius membra creare quam capud, concedimus predicto comiti ut in principio hujus institucionis dictum prepositum constituat antequam canonicos, et de cetero forma
scripta superius a capitulo observetur. Preterea concedimus
eidem capitulo ut majorem ecclesiam presentis (civitatis) de
novo, cum sibi placuerit, valeat fabricare et numerum canonicorum suorum, quotienscumque voluerit et in quantum
voluerit, augmentare. Istud tamen preterire nolumus, quod
in fidelitate sua episcopo promitet prepositus ut bona fide
observet ea que in hac pagina continentur. Ut autem per-
petua sint que in hac scripta sunt carta, ipsam nos Soffredus, Gractonopolitane ecclesie episcopus, et Andreas Dalphinus, comes Vienne et Albonis, sigillorum nostrorum munimine communimus.

(1) Cartul. copie d'Atm. de Chissé, f° xii²ˣ x (n° 41 de la Not.); à la
fin : *Sigillatum est duobus sigillis, collatum est cum originali per Gal.
et Aetuer.*

VII.

COMPOSITIO INTER EPISCOPUM GRATIANOPOLIT. ET PREPOSITUM
AC CANONICOS DE CAMPAGNIACO[1].

1ᵉʳ AVRIL 1227.

IN NOMINE sancte et individue Trinitatis, anno Incarnacionis Domini nostri Jhesu millesimo ducentesimo vicesimo septimo, kalendas aprilis, Honorio papa sedente, sciant omnes tam presentes quam posteri quod, cum prepositus et canonici de Campaigniaco, quos comes Dalphinus apud Campanjacum instituerat, translati fuissent in civitatem Gracionopolis, cum consensu, consilio et auxilio domini S(offredi) Gracionopolitani episcopi, et ibidem in ecclesiis Sanctorum Johannis et Andree, cum consilio et auxilio dicti episcopi, honorifice collocati, ecclesia de Campaniaco, quam episcopus dictis preposito et canonicis concesserat, ad ipsis preposito et canonicis ad alios jam translata, volens dictus episcopus sui episcopatus indempnitati providere, petiit a dicto preposito et canonicis ut ita se haberent erga eum, quod in ecclesiis Sanctorum Johannis et Andree sibi et successoribus suis honor debitus et reverencia servaretur et episcopatus custodiretur indempnis; dicti vero prepositus et canonici ipsius justis petitionibus inclinati, cum dicto episcopo promiserunt super premissis omnibus stare dicto, mandamento seu arbitrio domᵢ J(ohannis) Viennensis archiepiscopi bona fide et sine dolo, ita scilicet quod quitquid dictus archiepiscopus diceret mandando, arbitrando vel alio quocumque modo, ipsi ratum haberent, prestito hinc inde corporaliter sacramento, renunciantes omni legum et canonum auxilio et specialiter legi dicenti quod non valet renunciatio generalis. Actum Gracionopoli, in camera decani, presentibus et rogatis testibus infra scriptis, videlicet domino A(ndrea) comite Dalphino et R(oberto) decano Gracionopolitano et Guigone archidiacono Viennensi et Jacobo de Monte Canuto et magistro Artaudo Diensi canonico et Berlione sacrista Viennensi. Dictus vero archiepiscopus, habito prudencium consilio, dixit pro mandamento quod prepositi Sancti[2] Andree,

quicumque fuerint perpetuis temporibus, postquam fuerint
electi presententur episcopo Gracionopolitano et ab eo con-
firmentur, facientes obedientiam dicto episcopo et fidelitatem, prestito super sancta Dei Euvangelia corporaliter sacramento; teneatur quilibet prepositus facere dictam obedienciam et fidelitatem cuilibet episcopo Gracionopolit. postquam dictus episcopus fuerit confirmatus, licet ejus ante-
cessori vel antecessoribus ante eam fecerit; cappellani vero,
qui in dicta ecclesia Sancti² Andree populo celebrabunt divina, faciant similiter dicto episcopo et ejus successoribus
obedienciam et fidelitatem. Dictus vero episcopus et ejus
successores imperpetuum habeant juridictionem plenariam,
cohercionem, correctionem, procurationem in supradictis
preposito et canonicis et eorum clericis et ecclesiis, et ab
eo recipiant ordines, consecrationes altarium et omnia alia
ad jus episcopale pertinentia et ei subsint pleno jure, tam
in spiritualibus quam in temporalibus, sicut alii clerici, et
familie ipsorum tanquam propria dicti episcopi familia cen-
seantur, et eodem tantummodo jure subsint ei quo et propria familia : prepositus tamen correctionem habeat in canonicis suis. Hec omnia supradicta dixit archiepiscopus pro
mandamento, precipiens partibus sub debito juramenti ut
supradicta omnia universa et singula firmiter et fideliter
teneant et observent et nullo modo, nullo tempore veniant
contra ea que predicta sunt vel aliquod de predictis, inhibens dictis partibus et cuilibet ex eis ne privilegio vel exemp-
cione vel alio quocumque beneficio juris communis vel spe-
cialis vel consuetudinis veniant contra hec... Quod autem
dictum est de familia canonicorum, intelligitur de ipsorum
mercennariis et de hiis qui eisdem canonicis in aliquo ser-
viunt officio et de hiis qui sine certo officio de ipsorum men-
sa pascuntur in eorum domibus commorantes; hec autem
omnia que de familia dicta sunt, intelliguntur et de familia
communitatis ipsorum canonicorum et de familia singulorum. Nec illud obmittendum est quod si aliqui vel aliquis
ex dictis canonicis vel aliquis pro eis impetraverint vel
impetraverit aliquid contra hec que predicta sunt vel aliquod de predictis, impetratum decernit idem archiepis-

copus penitus non valere, inhibens eisdem ne impetrato
utantur. Actum Gracionopoli, in camera decani Gracionopolit., presentibus et rogatis testibus suprascriptis. Preterea sciendum est quod dictus episcopus, de concensu et mandato sui capituli, et dictus prepositus, de concensu et mandato dalphini et sui capituli, compromiserunt de premissis
in archiepiscopum nominatum. Ad majorem autem supra-
dictorum omnium firmitatem et perhempnem memoriam,
dictus archiepiscopus rogatu partium et dicti episcopus et
prepositus presentem cartam suorum roboraverunt presen-
tia sigillorum; dictus etiam dalphinus omnia supradicta
concessit, confirmavit et approbavit, et idem dalphinus et
ecclesie Gracionopolitane capitulum presenti carte sua similiter apposuerunt sigilla.

(1) Cartul. copie d'Alm. de Chissé, f° xiiᵉˣ xlj (n° 43 de la Not.) ; à la
flu : *Sigillatum est v sigillis, collatum die* xix *decembris (M) IIIIᶜ XIIII.*

(2) Ce mot *Sancti* a remplacé *Sanctorum Johannis et...*

VIII.

REDDICIO ECCLESIE DE CHAMPANIACO FACTA EPISCOPO PER PREPOSITUM ET CANONICOS SANCTI ANDREE[1].

1ᵉʳ FÉVRIER 1228.

IN NOMINE Domini nostri Jhesu Xpisti, anno Incarnacionis
ejusdem millesimo ducentesimo vicesimo septimo, kalendas febroarii, Gregorio nono summo pontifice residente,
sciant omnes tam presentes quam posteri quod, cum prepositus et canonici, quos comes dalphinus aput Campiniacum
instituerat, transferre se vellent in civitate Gracionopolitana, in ecclesia Sancti Andree quam prior Sancti Martini,
Eustachius nomine, de concensu et voluntate nostra, eis
concessit, nos Soffredus Gracionopolitanus episcopus, considerantes pium propositum et devotionem erga Deum nobilis viri Andree dalphini, comitis Viennensis et Albonis, ad
instanciam precum ipsius, contemplatione divine pietatis,
habito super hoc prudencium virorum consilio, videl. Jacobi
de Monte Canuto et Guigonis de Auries, canonicorum Vien-
nensium, et magistri Altaldi, canonici Diensis, dicto preposito et canonicis hec concessimus, sub hac forma quod
prepositi Sancti Andree *(ut in ch. VII, l. 92) ... (l. 35)* fa.

d. ep. ob. et . . . *(l. 37)* ten. autem qui . . . *(l. 40)* . . bus eam ante
fec. . . *(l. 41 def.* pop.) . . . *(l. 43)* fidelitatem. Capitulum autem
Sancti Andree eligendi suum prepositum liberam habent potestatem, prepositus vero cum suo capitulo electionem et
institutionem suorum canonicorum et thesaurarii et canto-
ris et cappellanorum liberam habent facultatem. Dictus vero
(ut ibid.) . . . *(l. 45)* coh. visitacionem, cor. . . *(l. 46)* ecclesia . . .
(l. 47) al. om . . . *(l. 50)* familia ip. t. prop. fam. d. ep. censeatur . . .
(l. 52-3) suis canon. et clericis sue ecclesie. Quod autem *(l. 60)*
. . . singulorum. Preterea tam supradictus prepositus quam
universi canonici sui ecclesiam Sancti Andree de Campaniaco, in quam jus tantum presentandi cappellanum eisdem
dederamus, nobis Soffredo Dei gratia Gracionopolit. episcopo et successoribus nostris per se et successores suos dimi-
serunt et absolute et paciffice reddiderunt. Hec omnia supradicta dicti Andreas comes, pro se et successoribus suis, et
prepositus et canonici sui nobis Soffredo Gracionopolit. episcopo et nostris in episcopatu successoribus super sancta Dei
Euvangelia juraverunt universa et singula firmiter et fideliter tenere et observare, et quod nullo modo *(ut ibid., l. 56)*
. . . predictis neque privil. . ; tudinis ; et si aliqui *(l. 67)* . .,
impetratum non valeat nec inpetrato uti possint. Actum
Gracionopoli, in camera majori cum fornello domus episcopalis, testibus presentibus Guigone de Auries, Eustachio priore
Sancti Martini de Miseriaco, Raymondo monacho, Willano
priore de Lancz, Oberto Aurucio, Willelmo de Bosco, Hugone de Bornay, Petro de Clais cappellano, Bernardo priore de
Marnanti, Guigone de Capreriis, Petro domno Elemosine
Gracionopolis, Odone Alamanni, Berillone de Castro Novo,
Johanne de Sancto Theuderio, Bernardo de Sancto Paulo et
Bertrando dels Engelas. Ad majorem autem firmitatem su-
pradictorum omnium, sigillis dom[i] Johannis Viennensis
archiepiscopi et dom[i] Soffredi Gracionopolitani episcopi et
capituli Cartusie et Andree dalphini, comitis Viennensis et
Albonis, et capituli Sancti Andree supradicti presens est car-
tula roborata.

(1) Cartul. copie d'Aim. de Chissé, f° xii[xx] x v° (n° 42 de la Not.) ; à la
fin : *Sunt* v *sigilla quorum unum deficit, sed est cordula, (collatum est)*
xix *decembris.*

IX.

CARTA DE MACELLO, DE FURNO, DE OPERATORIIS DRAPARIE ET
PANATERIE COMMUNIBUS INTER EPISCOPUM ET COMITEM[1].

(Env. 1238.)

Nos G(uigo), Albonis et Viennensis comes, notum facimus
universis quod nos et venerabilis pater P(etrus) episcopus Gracionopolitanus, communibus expensis fecimus domum apud Gracionopolim ante Helemosinam beati Hugonis,
in qua macellum flet, que nobis et dicto episcopo et successoribus nostris et successoribus suis communis erit, et mer-
cedes, proventus et obvenciones omnes que de dicta domo et
macello et banchis evenient, communiter inter nos et dictum
episcopum et successores nostros et successores suos et equaliter imperpetuum dividemus et habebimus sine omni contradictione; similiter furnum quem fecimus inter domum
nostram et domum episcopalem, ante portam dicti episcopi,
communibus expensis fecimus, qui nobis et dicto episcopo
et successoribus nostris et successor. suis communis erit,
et proventus atque obvenciones que inde evenient communiter et equaliter inter nos et dict. episcopum et successor.
nostros et success. ejus imperpetuum dividemus et habebimus sine omni contradictione; similiter domos sive operatoria que flent ad opus draparie et panaterie, communibus
expensis faciemus et communia nobis et dicto episcopo et
successoribus nostris et successor. suis erunt, et proventus
atque obvenciones que ex causa locacionis vel alia de causa
de predictis domibus sive operatoriis evenient, prout de
aliis supradictum est, communiter et equaliter inter nos et
dict. episcopum et successores nostros et suos imperpetuum dividemus et habebimus sine omni contradictione. Et
supradicta omnia nos et dictus episcopus promisimus inter
nos ad invicem bona fide imperpetuum observare et num-
quam contra venire; item hec omnia supradicta nos et dict.
episcopus fecimus et convenimus auctoritate, consilio et consensu venerabilis patris J(ohannis), Dei gratia sancte Viennensis ecclesie archiepiscopi, et de consilio et consensu do-

mini Odonis Alamandi et Hu(berti) marescalci, quorum consilio nos dictus G(uigo) dalphini tunc temporis regebamus.

(1) Cartul. copie d'Alm. de Chissé, f° iii° x v° (n° 26 de la Not.).

X.

MANDATUM FREDERICI II PRO CONTRIBUTIONE IN EXPENSIS
EPISCOPI AD CURIAM IMPERIALEM PROFICIENTIS[1].

10 AVRIL (1238)- 10 FÉVRIER (1239.

BERARDUS, Dei et imperiali gratia comes Laur(eti), sacri
imperii in regno Arelatensi et Viennensi vicarius, burgensibus, civibus et universo populo Gracionopolitane civitatis et hominibus castri Sancti Donati, Viennensis diocesis,
dilectis amicis suis salutem et amorem sincerum. Noveritis
quod venerabilis pater Gracionopolitanus episcopus nobis im-
periales litteras presentavit tenorem hujusmodi continentes :
FREDERICUS, Dei gratia Romanorum imperator semper au-
gustus, Jerusalem et Sicilie rex, B(eatrici) comitisse
Viennensi et Albonensi, G(uigoni) dalphino filio ejus, Guillelmo comiti Gebennensi ceterisque baronibus, castellanis,
militibus, civibus, burgensibus et omnibus Gracionopolitane
diocesis constantis a castro quod dicitur Bella Comba inferius in utraque parte Ysere fluminis, illis a Bella Comba necnon et hominibus castri Sancti Donati, Viennensis diocesis,
fidelibus suis gratiam suam et bonam voluntatem. Ad de-
lendas infidelium reliquias in partibus Lumbardie undique
imperii nostri vires in omni conamine ad nostram genera-
lem curiam duximus convocandas, ad quam quia dilectum
fidelem nostrum P(etrum) venerabilem episcopum Gracionopolitanum, qui de licencia nostra redit pro imperii serviciis,
venire mandavimus decenter munitum in honorabili mili-
tum comictura, sicut episcopum tantum decet et est de jure
imperii ut principibus ecclesiasticis venientibus ad curiam
de imperiali mandato et pro serviciis imperii ab eis qui tenent regalia ecclesie sue in subvencione congrua debeat pro-
videri ; fidelitati vestre precipiendo mandamus quatenus eidem episcopo, quod ad eandem curiam venire valeat muni-

tus ut decet, subvencionem congruam faciatis, subvenientes
ei nichilominus in expensis debitis quas hac vice fecisse dig-
noscitur, ad presenciam nostre majestatis accedens, prout
racione regalium que ab eo tenetis tenemini et debetis.
Quod si presens mandatum nostrum vos, quod omnino non
credimus, remissos et desides inveniet, ecce quod Nicholino
Spinerole, sacri imperii in regno Arelatense et Viennense
nuncio, fideli nostro mandavimus ut vos ad id nostri culmi-
nis auctoritate compellat. Datum apud Taur(inum), decima
aprilis, xiª indicione.

'— Cum igitur mandata imperialia teneamur modis
omnibus adimplere et contradictores ad faciendum
ea cohercione debita compellere debeamus, vobis universis et singulis ex parte imperiali auctoritate qua fun-
gimur precipiendo mandamus quatenus, forma superioris imperialis mandati diligenter inspecta, venerabili patri domino
P(etro) Gracionopolitano episcopo, pro expensis quas acthe-
nus fecit et quas pro imperiali servicio faciet in futuro, subvencionem debitam faciatis, mandatum imperiale ac nostrum
totaliter impleaturi, quod propter hoc idem episcopus ad nos
laborare iterum non cogatur et imperiale servicium propter
defectum vestrum non valeat impediri. Datum apud Romanis, xvi februarii, xii indicione.

(1) Cartul. copie d'Aim. de Chissé, fº vj (nº 5 de la Not.); à la fin: *Facta
collacione, sigillatum quodam sigillo*. Voir sur un fait identique notre
Cartul. de l'église de Die (Docum. inéd. relat. au Dauph., t. II), p. 15,
n. 3.

XI.

CARTA DE DOMO DE FAYSIA, JURIS DOM. EPISCOPI[1].
15 mars 1244.

Noverint universi, presentes et posteri, presentes litteras
inspecturi quod cum domus de Fayssia, sita in episcopatu Gracionopolitano, in parrochiis de Corenco et de Meo-
lano, que inmediate et pleno jure pertinet ad episcopum
Gracionopolitanum, pertinet ad dict. episcopum ita quod in
dict. parrochiis fundata erat, sine cujus consilio vel consen-

su seu auctoritate non potuit dicta domus in dict. parrochiis fundari quin ad ipsum de jure communi pertineret, quod asserebant et confitebantur ejusdem domus monachi, videntes pauperitatem et inopiam dicte domus et timentes ne locus imposterum desertum a monachis et fratribus ejusdem domus, sicut alias et pluries factum fuit, ut dicti monachi confitebantur et tota fere vicinia clamabat : volentes casui prevenire dict. domum cum omnibus bonis, rebus et juribus pertinentibus ad eandem domum, P(etro) episcopo Gracionopolit. et ejus successoribus dederunt et concesserunt pro se et suis successoribus, atque ad eum et ad predecessores suos pertinere et pertinuisse dixerunt et cognoverunt et confessi fuerunt, non decepti, non coacti, nulla circumvencione seu seducione vel dolo inducti, concedentes ejus domus monachi pro se et suis successoribus dicto P(etro) episcopo et suis successoribus omnimodam ordinacionem et gubernacionem imperpetuum dicte domus : quam domum promisit dictus Petrus episcopus pro se et suis successoribus dict. monachis et eorum successor. bona fide regere, ordinare, gubernare atque disponere, in qua debent esse semper quatuor monachi Omnipotenti Deo servientes ; concedens idem P(etrus) episcopus dicte domui de Fessia, ad episcopatum suum pertinenti pleno jure, ecclesiam de Corenco cum decima totius bladi, excepto vino quod sibi retinuit : pro qua ecclesia et decima bladi tenetur dicta domus de Fessia, cujus ordinationem et gubernationem omnimodam habet episcopus imperpetuum, solvere tres sestarios frumenti ad sinodum Omnium Sanctorum omnibus annis et tres solidos et unam ceram. Item concessit dict. episcopus dict. monachis decimas omnium vinearum et terrarum quas habent, et de hiis quas de cetero poterunt justo modo adquirere et propriis sumptibus excolent decimas eis remiciit, dans eis viginti denarios censuales qui debebantur ei in cabannaria de Petra Arche sub Fessia. In quorum omnium testimonium et memoriam perpetuam, Nos J(ohannes) Dei gracia archiepiscopus Viennensis, de cujus consensu et auctoritate hec cuncta fuerunt (facta), predicta omnia laudavimus et nostrum

decretum interposuimus, et ad instanciam parcium sigillum
nostrum apposuimus huic carte. Si vero dict. domum de
Fessia evinci contingeret ab episcopo Gracionopolis, ecclesia
de Corenco cum decima ad ipsum episcopum libere reverteretur, omnibus in statum pristinum revocatis. Datum anno Domini M°CG XL°III°, idus marcii.

(1) Cartul. copie d'Alm. de Chissé, f° xIIIxx IIj (n° 111 de la Not.).

XII.

HOMAGIUM PETRI EYNARDI PETRO EPISCOPO GRATIANOPOL'.

(9 FÉVRIER) 1247.

NOSCANT presentes et posteri presentes litteras inspecturi
quod, cum P(etrus) Eynardi, filius quondam G(uigonis)
Eynardi, a nobis P(etro) episcopo Gracionopolitano peteret
instanter ut illustrem virum G(uigonem) dalphinum, Albio-
nis et Viennensem comitem, retineremus de quadam parte
domus sive turris de Thesio et de hiis que idem P(etrus) et
G(uigo) frater suus habebant apud Thesium et in mandamento et apud Petram et Domenam et in mandamentis eorum : que omnia idem P(etrus) pro se et suis heredibus
dicto G(uigoni) dalphino ex causa permutacionis dederat et
concesserat, et pro quibus omnibus dicti P(etrus) et G(uigo)
frater suus homagium ligium nobis fecerant et facere tene-
bantur, devestiendo se dict. P(etrus) de predict. omnibus et
nos investiendo, renunciando, quictando et guerpiendo predicta nobis. Nos vero, habita diligenti deliberacione et juris-
peritorum consilio et pro utilitate episcopatus eciam et ecclesie Gracionopolitane, dict. G(uigonem) dalphinum de predicta domo et aliis de parte contingente dicto P(etro) reti-
nuimus et eundem investimus recipientem pro se et suis successoribus ; pro quibus supradict. omnibus nobis fecit dict.
G(uigo) dalphinus homagium ligium, recognoscens omnia
supradicta se tenere in feudum ab episcopo Gracionopolitano et pro his eidem debere homagium ligium, quod se fac-
turum nobis nostrisque successoribus pro se et suis heredibus bona fide promisit et, tactis sacrosanctis Euvangeliis,

juravit esse fidelem erga dominum episcopum Gracionopolit. et perpetuo tenere et habere et successores suos. De parte vero contingente dicto G(uigoni) fratri dicti P(etri), eundem G(uigonem) dalphinum retinebimus cum ab eodem G(uigone) Eynardi fuerimus requisiti. In quorum omnium testimonium sigillum nostrum, una cum sigillo dicti G(uigonis) dalphini et P(etri) Eynardi et Rogerii de Clayriaco, apposuimus huic carte. Datum anno Domini mill'io IIᵉXLVIᵒ, in octabis Purificacionis beate Marie.

(1) Cartul. copie d'Alm. de Chissé, fᵒ xɪɪɪˣˣ xv vᵒ (nᵒ 79 de la Not.).

XIII.

HOMAGIUM RODULPHI COMITIS GEBENNENSIS FALCONI EPISCOPO PRO CASTRO DE DOMENA[1].

29 octobre 1255.

A nno Domini mill'io IIᵉLV, indictione xɪɪɪ, ɪɪɪɪᵗᵒ kalendas novembris, coram testibus infrascriptis, dominus Rodulphus Gebennensis comes constitutus coram domino Falcone, Dei gracia episcopo Gracionopolitano, recognovit eidem dom. episcopo se tenere ab eo castrum de Domena usque ad aquam que currit sub castro que vocatur Domena, pro quo castro recognovit supradicto dom. episcopo debere sexaginta libras cere in nundinis Gracionopolis annuatim census et homagium, salvo homagio domini dalphini; quod homagium dom. episcopo incontinenti fecit, asserens idem Rodulphus quod in solvenda predicta cera tenentur li Berengier in medietate sibi restituenda : quo homagio facto et recognicione predicta, idem dom. episcopus investivit eundem dom. Rodulphum de predicto castro, salvo alterius jure, non intendens in hoc aliquid novum facere sed, sicut fecerunt predecessores sui predecessoribus predicti dom. Rodulphi, ita intendit in hiis facere cum eodem Rodulpho, nullam novacionem penitus faciendo. Actum apud Gracionopolim, in domo episcopali, testes dominus Ancellmus abbas Sancti Theofredi, dom. Burno decanus Gracionopolit., dom. Guillelmus prior Sancti Martini, dom. Jacobus et dom.

P(etrus) de Aya, canonici Gracionopol., dom. Willelmus de
Clais, procurator dom. episcopi supradicti, dom. B. de Quez
officialis, dom. Robertus frater canonici supradicti. Ego
Guillelmus de Ulcio, imperialis aule publicus et dom¹ dalphini Viennensis et Albonis comitis notarius, hanc cartam
de mandato ipsius dom. dalphini, prout in abbreviatura condam facta per manum Petri Guillelmi inveni, scripsi et tradidi nichil addito vel remoto seu eciam commutato.

(1) Cartul. copie d'Aim. du Chissé, f° xiiiªª xvj v° (n° 80 de la Not.).

XIV.

DONATIO DOMUS PARMENIE MONASTERIO PRATI MOLLIS¹.
13 SEPTEMBRE 1259.

Nos F(alco), Dei miseracione Gracionopolitanus episcopus,
divino Spiritu inspirati locum qui dicitur Parmenia ad
ampliorem Dei cultum redigere cupientes, hoc per Cartu-
siensis ordinis personas convenientius posse fieri credentes
firmiterac sperantes, ipsum dict. locum, mutato nomine ipsius
Parmenie in Montem Sancte Marie, Deo et beate Marie virgi-
ni ac ordini Cartusiensi, apud Pratum Molle constituti in
presencia priorum ejusdem ordinis, videlicet Durbonis et
Vallis Sancti Hugonis, necnon et conventus ejusdem loci et
quorumdam aliorum regularium nobiscum ibidem existencium, de consensu et voluntate capituli nostri Gracionopolis
perpetuo dedicavimus et concessimus, statuentes et insuper
ordinantes ut dicti ordinis sancti-moniales et conversi ibidem, scilicet in Monte Sancte Marie, Deo et beate Marie vir-
gini secundum ordinis sui professionem et regulam perpetuo
famulentur : dictam autem concessionem in manu dictorum
priorum, nomine dicti ordinis recipiencium, fecimus. Quas
quidem moniales, priorissam scilicet cum sex aliis et quatuor conversis, ad presens de dicti loci, videl. Prati Mollis,
conventu duximus assumendas; statuentes insuper ac volentes ac eciam in dicta concessione specialiter retinentes
quod si forte, quod absit, dicte moniales et conversi vel eorum successores aliquo casu imposterum dictum locum du-
cerent relinquendum, statim in eorum recessu locus ipse,

scilicet Mons Sancte Marie, ad episcopum Gracionopolit. et albergum ipsius absolute et libere revertatur, ita quod dict. locum cum omnibus pertinenciis suis mobilibus et inmobilibus qui tunc preesset episcopus auctoritate sua valeat occupare et de ipso pro sue voluntatis arbitrio ordinare. In testimonium autem quod predictus locus a nobis datus est et concessus predicto sancti-monialium ordini, statuimus quod in quatuor caseis sepedicte moniales annuatim in synodo Omnium Sanctorum nobis et nostris successoribus teneantur. Hoc autem pretereundum non est, quod conventus Prati Mollis specialiter ad sustentacionem dict. personarum ad dict. locum transeuncium de mobilibus suis dederunt decem tricenaria ovium et quinque tricenaria vaysilis et viginti arietes et decem equas, item decem vacas cum vitulis suis et quinque genicias et duos tauros, item carrucam unam completam bouum ; insuper eciam concesserunt quod predictas personas tam in vestibus quam pannis lecticiis et aliis suppellectilibus suis neccessariis decenter apparatas ad dict. locum destinarent. Nos vero, preter concessionem dicti loci cum possessionibus suis mobilibus, de mobilibus vel semoventibus que ibidem habemus duas carrucas bouum ibidem volumus dimictere, item de blado quantum neccesse fuerit pro seminibus istius presentis aptumpnalis sacionis, item totum vinum vinearum presentis anni, item de libris presentibus ibidem qui ad usum ejusdem ecclesie et ordinis sui fuerint neccessarii, excepta Biblia quam nobis retinemus, ita tamen quod pro exemplari ipsam vel aliam usque ad quinque annos eis commodare debemus et pargamenum ad opus Biblie quam scripserint sibi dare, item septem apum examina ad opus sacristie volumus ibi dimictere. In quorum omnium firmitatem perpetuam et testimonium, nos dictus episcopus et capitulum Gracionopolis sigilla nostra, unacum sigillis dict. domorum, Prati Mollis videl. et Montis Sancte Marie, necnon et dict. priorum Durbonis et Vallis Sancti Hugonis, presenti carte duximus apponenda. Datum idus septembris, anno Domini mill'io II°LIX.

(1) Cartul. copie d'Aim. de Chissé, f° xiiiXX xlj (n° 118 de la Not.).

XV.

Homagium Guillelmi de Clasio Guillelmo episcopo[1].

20 octobre 1200.

Anno Domini millesimo ducentesimo LX^{mo} sexto, indicione nona et xiii kalendas novembris, apud Gracionopolim, in curia superiori domus episcopali(s), in presencia venerabilis patris ac domini Vullelmi episcopi Gracionopolitani et testium subscriptorum, dom. Vullelmus de Clasio miles, requisitus (a) predicto dom. episcopo ut recognosceret sibi ea que tenet ab eodem, confessus fuit et publice recognovit quod ipse miles tenet a dicto dom. episcopo domum suam de Balma, que est extra Rupem, et albergiam Saliquatorum, et quatuor vineas que sunt in illo territorio de Balma et medietatem omnium rerum suarum de Chaoris ubicumque ibidem sint : item confessus est et recognovit dict. miles se esse pro predictis hominem ipsius dom. episcopi... et fecit tunc ibidem sibi recipienti homagium et fidelitatem, et juravit supra sancta Dei Euvangelia corporaliter eidem dom. episcopo... predict. fidelitatem et omnia supra dicta... rata et firma semper tenere et inviolabiliter observare et nunquam .. contra venire. Testes fuerunt vocati ad hoc et rogati, scil. dom. Johannes archipresbiter de Ultra Draco, magister Petrus de Allivardo, Umbertus cappellanus de Plana, Petrus Vianneysi, Vullelmus de Balma et Berllionetus frater ejus, et Heutachius de Clemensi. Ego Guigo de Sancto Martino, auctoritate imperiali publicus notarius, hiis omnibus interfui et hanc cartam rogatus scripsi et fideliter publicavi, tradidi et signavi.

(1) Cartul. copie d'Alm. de Chissé, f° v° lv (n° 128 de la Not.).

XVI.

Accensamentum pontonagii Gracionopolis Petro Viennoys[1].

(24 janvier) 1269.

Nos Guillelmus, divina permissione Gracionopolitane ecclesie vocatus episcopus, universis ad quos presentes pervenerint littere, eternam in Domino salutem. Notum facimus universis quod nos, (per nos) et successores nostros, dedimus et concessimus in personali beneficio dilecto nostro et fideli Petro Vienneys, civi Gracionopolit., pontem Gracionopolis qui est super Yseram, cum omnibus juribus, censibus, redditibus, serviciis, obvencionibus, proventibus, domibus et aliis rebus corporalibus et incorporalibus ad dict. pontem aliquo jure vel aliqua occasione pertinentibus : salvis laudamentis et vendicionibus ibidem obventuris quas nobis retinemus ; et ipsum P(etrum) de predict. omnibus et singulis ab omni persona et contraditore per nos nostrosque successores legitime deffendere et manutenere bona fide. Item sciendum est quod predict. P(etrus) tenetur et nobis promisit per solennem stipulacionem singulis annis nobis et successoribus nostris quiete et pacifice solvere pro dicto ponte et pertinenciis ipsius pontis quindecim libras Viennenses, medietatem in festo sancii Andree et aliam medietatem in festo beati Johannis Baptiste : universa autem et singula que quoquo jure seu occasione ad dict. pontem pertinent et pertinere possent, predict. P(etrus) quamdiu vixerit cum omni integritate et utilitate sine contradictione et turbacione nostra nostrorumque successorum tenere et percipere debet. Et ut de predictis fides presentibus et posteris habeatur et memorie commendetur, presentes litteras sigillo nostro jussimus sigillari. Datum Gracionopoli, die jovis post festum beati Vincencii, anno Domini mill'io II^cLXVIII, presentibus subscriptis testibus dom. Hunberto capellano de Plana, Johanne de Royns et magistro Hugone de Sinardo clerico.

(1) Cartul. copie d'Aim. de Chissé, f° iii° xj (n° 26 de la Not.).

XVII.

Transactio inter episcopum Gratianopol. et abbatem Sancti Theuderii super decimis de Tollino[1].

Juin 1269.

Nos Villermus, divina miseracione Gracionopolitanus episcopus, et nos Aynardus, Dei gracia abbas Sancti Theuderii, et conventus ejusdem loci et Hugo Rovoyri, prior

Sancti Laurencii de Tollino, et monachi dicti loci notum
facimus universis quod, cum questio verteretur inter nos
Villermum episcopum, ex una parte, et nos Aynardum abbatem et conventum, priorem et monachos predictos, nomine
prioratus de Tollino, ex altera, super quarta parte decime
quam nos episcopus dicebamus et asserebamus ad nos, nomine domus episcopalis Gracionopolis, pertinere et habere
debere et predecessores nostros longissimo tempore habuisse
in universis decimis que colliguntur et colligi debent in parrochia Sancti Laurencii de Tollino, que nos abbas, conventus, prior et monachi non credebamus esse vera; tandem
nos, considerantes nostrum commodum et ecclesiarum nos-
trarum utilitatem, pro bono pacis et ad tollendum omnem materiam questionis, de dicta questione convenimus in hunc
modum : videl. quod nos Aynardus abbas et conventus, prior
et monachi, pro nobis nostrisque successoribus nomine dicti
prioratus, promitimus vobis dom. Villermo episcopo, pro vobis et successoribus vestris sollempniter stipulanti, et sub
obligacione universe predicte decime dare et solvere pro jure
et portione quam in dicta decima habetis vel habere potestis
vel consuevistis quatuordecim libras Viennenses annuatim,
medietatem in synodo Omnium Sanctorum et aliam medietatem in synodo maii solvendas. Et nos Villermus episcopus
pro dicto censu xiiij librarum nobis et nostris successoribus
in dictis terminis apud Gracionopolim solvendarum, nomine
nostro et successorum nostrorum, jus et porcionem que nobis et domui nostre episcopali in predicta decima competit
vel competere potest, vobis abbati, conventui, priori et monachis, nomine prioratus de Tollino, duximus conceden-
dum. In cujus rei fidem et testimonium, nos supradictus
abbas, conventus et prior de Tollino sigilla nostra duximus
presentibus apponenda. Datum anno Domini M°CC°L°X°
nono, mense junio.

(1) Cartul. copie d'Alm. de Chissé, f° xiii^{xx} iiij (n° 116 de la Not.).

XVIII.

Homagium Aymonis, comitis Gebennensis, Guillelmo episcopo pro castro de Domena[4].

24 décembre 1269.

IN nomine Domini, amen. Anno Incarnacionis ejusdem mill'io ducentesimo sexagesimo nono, nono kalendas januarii, in presencia mei infrascripti notarii et testium subscript., nobilis vir Aymo, dominus de Gebenna, fecit fidelitatem et homagium reverendo patri domino G(uillelmo) Dei gratia episcopo Gracionopolitano, de castro quod dicitur Domina, sicut bone memorie dom. F(alconi) predecessori ipsius domini G(uillelmi) episcopi fecisse alias asserebat et predecessores ejus fecerant predecessoribus domini episcopi antedicti. Porro cum dominus episcopus antedictus assereret se ibi jure dominii habere et habere debere sexaginta libras cere annis singulis censuales, Aymo vero diceret quod dictas LX* libras cere facere tenebatur tantummodo in mutacione possessoris, dictus etiam dom. episcopus asserebat quod pater dicti Aymonis solverat pluribus annis censum predict. et avus ejusdem Aymonis recognoverat se dict. censum debere facere dom° episcopo et ecclesie Gracionopolitane, et multo tempore retinuisse dicebat et satisfacionem pro subtractis fecit exinde ad voluntatem predecessoris dom¹ episcopi antedicti; tamen si dict. Aymo super hoc dubitabat, dict. episcopus assignavit eidem Ay(moni) terminum quadraginta dierum ut, inquisita per se super hiis veritate, recognosceret abinde inantea simul cum hominio et placito censum superius prelibatum, et sic dom. episcopus recepit homagium a dicto Aymone pro castro de Domina supradicto, salvo jure suo et ecclesie sue sibi et ecclesie competenti occasione dicti census per aliqua tempora non soluti. Acta sunt hec apud Planam, prope Gracionopolim, anno et die predictis; presentes fuerunt reverendi patres domini J(ohannes) Dei gratia Ebredunensis archiepiscopus et Amedeus Diensis episcopus, dom. G(uillelmus) decanus Gracionopolitanus, Soffredus prior Sancti Martini de Miseriaco, dom. Robertus de Gebenna, prepositus Lausanensis, Aymo de Ponte Vitreo, clericus, dom. Petrus de Quinto, canonicus Diensis, Hugo de Gebenna clericus, dom. Petrus de Comiers miles, dom. Guillermus Bertrandi miles, dom. Hugo de Mailles miles et plures alii clerici ad hoc specialiter congregati. Et ego Dioco dictus de Chamenco, Silvanectensis clericus, auctoritate sacrosancte Romane ecclesie notarius publicus, predictis interfui et omnia predicta, prout superius sunt expressa, propria manu scripsi et in publicam formam redegi meoquo signo signavi rogatus.

(1) Cartul. copie d'Alm. de Chissé, f° xiii XX xvij (n° 81 de la Not.).

XIX.

HOMAGIUM GUILLELMI DE LENTIO GUILLELMO EPISCOPO[1].

19 FÉVRIER 1270.

Anno Domini millesimo CC°LXX, xi° kalendas marcii, indictione xiii, coram testibus et me notario infrascriptis, Guillelmus de Lentio domicellus, non deceptus, non coactus nec aliquo dolo inductus, sed mera, libera atque spontanea voluntate, ad requisicionem reverendi in Xpisto patris ac domini Guillelmi, Dei gratia Gracionopolitani episcopi, confessus fuit ac publice et manifeste recognovit se tenere ab ipso dom° episcopo domum suam de Chapia, cum omnibus pertinenciis et appendiciis ejusdem domus et se debere eidem dom° episcopo homagium pro predictis : salvo jure duorum dominorum, videl. domini de Tuyllino et Abberti de Cassinatico ; quod homagium fecit idem Guillelmus predicto dom° episcopo, salvo jure in omnibus et per omnia duorum dominorum supradict., promittens et super sancta Dei Euvangelia jurans... de cetero dicto dom. episcopo fidelis esse et successoribus ejus in episcopatu predicto, quamdiu predict. domum tenebit et possidebit. Ibidem et incontinenti predictus dom. episcopus dict. Guillelmum retinuit de predictis. Actum apud Gracionopolim, in camera predicti dom. episcopi, ubi testes fuerunt vocati et rogati, videl. Guillelmus Veylz, canonicus et cantor Sancti Andree Gra-

cionopôlis, dom. Humbertus cappellanus de Sayssino, dom.
Johannes Balduyni presbiter, Raymundus Veyl, Ostachius
Veylz, Ysmido de Claromonte et Gilius Lombardi de Moy-
renco, et alii. Et ego Garnerius de Correyo, publicus notarius, hiis omnibus interfui et rogatus hanc cartam scripsi
et tradidi.

(1) Cartul. copie d'Aim. de Chissé, f° xiii*² v (n° 122 de la Not.).

XX.

INSTRUMENTUM PERMUTATIONUM DOMINORUM EPISCOPI GRATIONOPOL. ET PRIORIS SANCTI MARTINI DE MISERIACO,

20 DÉCEMBRE 1307.

In nomine Domini, amen. Cunctis per hoc presens publicum instrumentum appareat evidenter quod, anno Nativitatis ejusdem Domini mill'io tercentesimo septimo, indicione
quinta, die tercio decimo kalendas januarii, coram me notario et testibus infrascript., reverendus in Xpisto pater dom.
Guillelmus Dei gracia Gracionopolitanus episcopus, pro se
et suis in dicto episcopatu successoribus, sciens, prudens ac
spontaneus, ut ex verbis ipsius manifeste apparebat,.. utilitate sue ecclesie primitus inspecta et considerata diligenter, ut dicebat, de consensu et unanimi voluntate sui capituli,
videl. dom. Jacobi de Comeriis decani, dom. Soffredi de Arciis, dom. Jacobi de Vineis, dom. Girardi de Thesio, dom.
P. Siboudi, dom. Hug. Chacicer, dom' Guig. de Comeriis et
plurium aliorum canonicorum dicte Gracionopol. ecclesie
sono campane specialiter ad hoc more solito congregatorum,
habito prius diligenti deliberacione et tractatu, permutat et nomine ac titulo pure, perpetue et irrevocabilis permutacionis dat, cedit et concedit et quasi, prout melius et
sanius intelligi potest, ecclesiam de Campagniaco cum omnibus juribus, actionibus, requisicionibus, censibus, serviciis et usagiis, terris cultis et incultis, pratis, vineis et aliis
...quibuscunque ad dict. ecclesiam cum suis domibus et
edificiis spectantibus et pertinentibus in tota parrochia de
Campagniaco et extra..., cum omni jure, actione et requi-

6

sictone... in decimis et omnibus censibus, serviciis et usagiis.., cum omni directo dominio eorundem, viro religioso
dom. Petro de Royno, venerabili priori prioratus Sancti
Martini de Miseriaco, Gracionopolitane diocesis, presenti et recipienti vice et nomine suo et successorum suorum in dicto prioratu sibi succedencium, pro prioratu Sancti
Ylarii, religionis et ordinis dicti Sancti Martini, Gracionop.
diocesis, cum suis juribus et pertinenciis infrascript., ita
quod in dicta ecclesia de Campagniaco ab hac die in antea
per predict. dom. priorem Sancti Martini et ejus successores
in futurum prior ponatur et ordinetur canonicus religionis
antedicte, qui prior qui pro tempore fuerit ibidem dicto
dom. episcopo et suis successoribus teneatur, prout hacte-
mus prior Sancti Ylarii religionis ejusdem dicto dom. episcopo suisque predecessoribus tenebatur; et ut divinus cul-
tus ibidem augmentetur fuit dictum, ordinatum et concessum per predict. dd. episcopum et priorem S¹ Martini. .quod
unum canonicum dicte religionis dict. prior de Campagniaco qui pro tempore fuerit ibidem secum teneat et habeat, et
quod dict. d. prior S¹ Martini. .in ecclesia de Campagniaco
visitationem et ratione dicte visitationis procurationem et
canonicam correctionem in dict. priorem et socium suum...
habeat, prout in aliis prioribus, prioratibus et canonicis
dicte religionis hactenus habere consuevit; item retinuit
ibidem dict. d. episcopus .. suam procuracionem a jure debitam per unum diem tantum et duos solidos bone monete
antique in qualibet synodo censuales .. annis singulis perpetuo persolvendos et viginti sestarios avene et viginti ses-
tar. frumenti ad mensuram legalem Gracionopolis, solvenda
..apud Campagniacum singulis annis in festo Omnium Sanctorum; actumque fuit et concessum inter ipsos quod prior
..in ecclesia de Campagniaco procuracionem dom. decani
Gracionopolit. sibi et suis successoribus perpetuo reddere
debeat per unam diem tantum, dum ad locum declinaverit
visitandum, juxta consuetudinem super predicta visitacione
dict. d. decani hactenus in suo decanatu consuetam. Et nichilominus onera dicte ecclesie ordinaria et extraordinaria

prior...subire debeat et portare, hoc acto et concesso inter
ipsos.., quod si dicta decima parrochie de Campagniaco...
permutata sit vel reperiatur in aliquo Hospitali Visilie obli-
gata, quod illud dict. d. episcopus et ejus successores solvere abinde perpetuo teneantur, dict. decimam a predicta
obligacione liberando. Quibus omnibus sic factis, dictis et
declaratis, idem d. episcopus...dict. ecclesiam de Campagniaco...cedit et concedit dicto d. priori St Martini...et in
eum..tranfert ex causa permutacionis liberam, quittam et
absolutam ab omni censu, servicio et servitute.., exceptis
supra retentis..et concessis.., dictumque fuit, actum inter
ipsos et concessum, quod prior..in ecclesia de Campagniaco
omnes census, servicia et usagia in quibus teneri reperire-
tur dicta ecclesia aliis personis preterquam d. episcopo..pure,
plene et libere..perpetuo solvere teneatur : permutat, in-
quam, dict. d. episcopus..dicto d. priori St Martini..et in
eum tranfert quoddam casale cum suis ediflciis et pertinenciis quondam episcoporum Gracionopolit. situm juxta ecclesiam St Martini et quodd. pratum situm subtus prioratum
..........Versa vero vice dict. dom. Petrus, prior Sancti
Martini predicti.., de consensu et unanimi voluntate sui
conventus, ut dicebat, et specialiter dom. Guiffredi de Quetz,
nunc prioris Sancti Ylarii, permutat.., dat, cedit et concedit dicto d. episcopo..et in eum transfert prioratum St Ylarii
dicti ordinis St Martini, cum suis juribus...quibuscunque
..infra parrochias SS. Ylarii et Brancacii, dicte diocesis, et
extra.., cum omni..directo dominio et segnoria.., et duo-
decim sestaria avene ad mensuram Gracionopol. in quibus
dict. prioratus St Ylarii dicto prioratui St Martini tenebatur,
necnon et omni visitacione et procuracione..; et cum dict.
prioratus St Ylarii dicto d. episcopo..in viginti quatuor sestariis avene censualibus annuatim teneretur ad mensuram
Gracionopol.., dict. episcopus..priorem St Ylarii et d. priorem St Martini..de censu predict. quittat penitus, liberat et
absolvit...........Actum Gracionopoli, in domo decanatus ecclesie prelibate, ubi testes interfuerunt vocati specialiter et rogati religiosus vir dom. Petrus de Sala, canonicus

Ulciensis, dom. Aynardus Pasca, prior S¹ Petri de Intermontibus, dicti ordinis S¹ Martini, dom. Johannes Chavallerii et Guillelmus Barberii, presbiteri, Johannetus Salvagni et Johannetus Garcini, clerici in ecclesia sepedicta. Et ego Johannes Maynardi de Argenteria, diocesis Ebredunen., imperiali auctoritate notarius publicus, qui... in principio meo signo signavi. Nos autem prenominati episcopus Gracionopol. et prior S¹ Martini, confitentes et recognoscentes in veritate premissa omnia... fore vera, sigilla nostra huic pres. publ. instrumento duximus apponenda... Et nos Jacobus de Comeriis decanus et capitulum predicte Gracionopol. ecclesie, videl. Nicolaus Pignati cabiscolus, Soffredus de Arciis, Berlio Alamandi cantor, Girardus de Thesio sacrista, Jacobus de Vineis infirmarius, Bernardus de Francino archipresbiter de Ultradraco, Guillelmus de Royno prior Helemosine, Thomas Grivelli archipresbiter Viennensis, Johannes de Cizerino operarius, Hugo Chacicer, Siboudus de Verneto, Ebrardus de Cartusia, Guigo de Comeriis, Mich. David, Guigo de Royno et Aymarus de Comeriis et Franciscus Morardi, Gracionopolit. ecclesie canonici..., confitentes et recognoscentes predicta.. de nostri voluntate et consensu fuisse peracta.., premissa laudamus, approbamus, ratificamus, emologamus ac eciam confirmamus.., et sigillum Sancti Vincencii quo utimur huic instrumento publ. duximus apponendum. Nosque Guillelmus de Verneto sacrista, Jacobus Fardelli, Poncius Martini de Lavars, Jacobus Andree, Petrus de Colungiis, Guigo Acaria, Guigo de Comeriis, Mich. Blancheti de Vallenavigio, Aymarus de Balma, Amedeus de Muris, Petrus de Asperis et Guillelmus de Royno, canonici totumque capitulum Sancti Martini de Miseriaco, attendentes et considerantes evidentem utilitatem dicti nostri capituli ac prioratus premissa omnia...fuisse peracta, confitemur, laudamus, approbamus, ratificamus, emologamus ac eciam confirmamus et...sigillum nostrum apposuimus huic instrumento ... Nos vero B(riandus) sola Dei permissione sacrosancte Viennensis ecclesie archiepiscopus, ad preces et requisicionem..., laudantes, approbantes, rati-

ficantes et emologantes omnia.., pres. instrumentum fecimus sigilli nostri munimine roborari.., juribus .. sancte
Viennensis ecclesie remanentibus semper salvis.

(1) Cartul. copie d'Alm. de Chlasé, f° xi°°x v° (n° 44 et 69 de la Not.) ;
sur une bande détachée on a écrit : *Instrumentum permutationis est quatuor sigillis impendenti sigillatum : in primo ymago beate Marie te-
nentis unum puerum et due ymagines hinc inde, a parte inferiori
ymago unius episcopi genibus flexis; in secundo ymago sancti Martini
equitantis unum equm; in tercio eadem ymago; in quarto ymago cu-
jusdam archiepiscopi et scriptum circumcirca : S. BRIANDI DEI GRA
ARCHIEPI SCE VIENN ECCLIE. A la fin : Facta est collacio de pre
senti registro cum originalibus instrumentis supra insertis per nos Jacobum Monoti clericum, Guillelmum Surrelli, notarios publ. et curie
officialis Gracionopol. juratos.*

XXI.

Homagium prioris Sancti Martini de Miseriaco[1].

6 novembre 1318.

In nomine Domini, amen. Noverint univ. et sing. etc. quod,
anno a Nativitate Domini millesimo tercentesimo decimo octavo, indicione prima, die sexta mensis novembris,
coram me notario et testibus infrascriptis, vir religiosus frater Aymarus de Sayssello, prior prioratus Sancti Martini de
Miseriaco, ordinis Sancti Augustini, Gracionopolitane diocesis, constitutus in presencia rev[d] patris in Xpisto dom[i]
Guillelmi secundi, Dei gracia episcopi Gracionopolit.., ad
requisicionem dicti d. episcopi...fecit idem d. prior dicto
d. episcopo obedienciam debitam, et eciam promisit et tactis
sacrosanctis Euvangeliis juravit...esse obediens in omnibus
hiis in quibus tam de jure quam de consuetudine..tenetur
et debet obedire; et subsequenter ibidem et incontinenti
idem. d. prior dicto d. episcopo..fecit, oris osculo interve-
niente, homagium et fidelitatem, promittens et jurans...
esse fidelis et obediens pro dicto prioratu et aliis que tenet
seu tenere debet..in diocesi Gracionopolit. ab eo et ecclesia
predicta. De quibus...Acta fuerunt predicta apud Sanctum
Martinum predict., present. testibus ad hec specialiter vocatis et rogatis, videl. dom. Alberto de Royno, priore Sancti

Bernardi, dom. Guillelmo de Verneto sacrista, dom. Michaele Blancheti, canonico S¹ Martini predicti, dom. Petro de Cognino, curato de Greyslaco, dicte Gracionop. diocesis, dom. Hugone Valardi jurisperito, dd. Humberto de Voysia et Petro Hospitaleti alias dicti de Cognino, canonicis S¹ Martini predicti; et me Martino Ranulphi, auctor. imper. notario publ...

(1) Cartul. copie d'Aim. de Chissé, f° iiiiᵉ ix (n° 47 de la Not.).

XXII.

UNIO FACTA DE DECANATU SANCTI ANDREE IN SABAUDIA MENSE EPISCOPALI GRATIONOPOLIS, B(ONE) MEMORIE DOM. JOHANNI TUNC EPISCOPO GRATIONOPOL. PER FE(LICIS) RE(CORDATIONIS) DOM. CLEMENTEM PAPAM SEXTUM¹.

1ᵉʳ OCTOBRE 1343.

CLEMENS episcopus, servus servorum Dei, venerabili fratri Johanni episcopo Gracionopolitano, salutem et apostolicam benedictionem. Ex injuncto nobis apostolice servitutis officio circa omnes ecclesias, quarum sollicitudo nobis inminet generalis, diligencius vigilare nos convenit ne dispendia paciantur et ut earum prelati ad suorum supportaćionem onerum sufficientes habeant, secundum earum decenciam, facultates. Exhibita siquidem nobis tue peticionis series continebat quod in ecclesia Gracionopolitana, preter decanatum majorem alius decanatus inferior, decanatus Sancti Andree in Sabaudia Gracionopolit. diocesis vulgariter appellatus, fore dinoscitur ad collationem episcopi Gracionopolit. qui est pro tempore pertinens, cujus quidem decanatus inferioris decani qui fuerunt pro tempore propter eorum potenciam, temporibus guerrarum que fuerunt inter nobiles viros dalphinos Viennenses et comites Sabaudie qui extiterunt pro tempore, multa jura episcopalia occuparunt et detinuerunt occupata, propter quod inter episcopos Gracionopolit. et decanos ipsius decanatus inferioris qui extiterunt pro tempore graves lites, questiones et discordie exorte fuerunt, et propter hoc eciam multi de comictatu Sabaudie in dicta diocesi

existentes jurisdictionem predicti episcopi vilipendunt, reddittus quoque mense episcopalis Gracionopol. propter multas
et varias expensas quas te subire oportet pro conservacione
status pacifici Dalphinatus et comictatus predictorum, et pro
sedandis questionibus et discordiis que inter nobiles et alias
gentes Dalphinatus et comictatus predict. sepissime et faciliter oriuntur, ad tui sustentacionem congruam non suffi-
ciunt; quare nobis humiliter supplicasti ut, ad tollendum
lites et questiones exortas inter predictos episcopos et decanos et que continue possunt oriri, et ut subdicti tui in eodem
comictatu consistentes ad tui obedienciam reducantur tuque
circa conservacionem dicti status pacifici et sedandas alias
discordias et dissenssiones antedictas liberius vacare valeas
et susportare neccessarias expensas, subvenire tibi super hiis
de opportuno subvencionis remedio dignaremur. Nos itaque
tuis supplicacionibus inclinati, predictum decanatum inferiorem Sancti Andree, cujus fructus, reddittus et proventus
centum florenos auri vel circa, secundum taxacionem antique decime, valorem annuum ut asseris non excedunt, cum
omnibus juribus et pertinenciis suis mense tue episcopali
Gracionopolitane auctoritate apostolica perpetuo annectimus
et unimus ita quod, cedente vel decedente decano ipsius decanatus inferioris qui nunc est, possis dictum decanatum
inferiorem ejusque ac jurium et pertinenciarum ipsius per
te vel alium auctoritate propria possessionem apprehendere
et retinere in usus proprios dicte mense : non obstantibus
reservacionibus appostolicis specialibus vel generalibus qui-
buscunque, aut si aliqui super provisionibus sibi faciendis
de hujusmodi decanatibus ac dignitatibus vel personatibus
seu officiis aut aliis beneficiis ecclesiasticis in dicta ecclesia
speciales vel in illis partibus generales apostolice sedis vel
legatorum ejus licteras impetrarint, quas licteras ad dictum
decanatum inferiorem volumus non extendi, sed nullum per
hoc dictis impetrantibus quoad assecucionem decanatuum,
dignitatuum, personatuum et officiorum ac beneficiorum
aliorum prejudicium generari; seu quibuslibet licteris
et indulgenciis appostolicis, specialibus vel generalibus, quo-

rumcunque tenorum existant, per quas effectus presencium
impediri valeat quomodolibet vel differri, et de quibus...
Volumus autem quod tu, loco dicti decanatus inferioris et
de redditibus ipsius, ad instar alterius duorum archipres-
biteratuum in predicta ecclesia existencium, in eadem ecclesia pro divino cultu inibi observando unum alium archipresbiteratum, prout eciam ad id te sponte obtulisti, dotare et
construere tenearis, alioquin hujusmodi annexionis et unionis gracia habeatur penitus pro non facta. Nulli ergo...h. p.
nostre annexionis et unionis ac voluntatis.. : si quis...
Datum apud Villam novam, Avinionensis diocesis, kalendas
octobris, pontificatus nostri anno secundo.

(1) Cartul. copie d'Aim. de Chissé, f° v° xxxiij (n° 55 de la Not.); à la
fin : *Facta collacio.*

XXIII.

Dotatio facta archipresbitero Sabaudie
ad instar aliorum archipresbiterorum per fe. re. dom.
Jo(hannem) episcopum Gracionopolitanum pro
decanatu Sancti Andree in Sabaudia[1].

4 novembre 1349.

In nomine Domini, amen. Anno Nativitatis ejusdem Domini mill'o CCC° quadragesimo nono, inditione secunda,
die quarta mensis novembris, noverint univer...quod in
presencia...existens reverendus in Xpisto pater dom. Johannes, divina providencia episcopus Gracionopolitanus,
nomine suo et ecclesie sue ibidem proposuit et dixit quod
dudum sanctissimus pater et dominus dom. Clemens, divina
providencia papa VI, ad ipsius dom. episcopi supplicationem
humilem et instanciam, per suas licteras apostolicas vera
bulla plumbea more Romane curie in filis sericis bullatas,
sub data apud Villam Novam Avinionen. dyocesis, kalendas
octobris, pontifficatus dicti dom. pape anno secundo, in nostrum notariorum et testium subscript. presenciam publice
lectas, apostolica auctoritate annectivit perpetuo et univit
mense episcopali Gracionopolit. decanatum inferiorem Sancti

Andree in Sabaudia, Gracionopol. dyocesis, cum omnibus
juribus et pertinenciis suis, ita quod cedente vel decedente
decano qui tunc erat ipsius decanatus inferioris, idem dom.
episcopus posset auctoritate sua propria dict. decanatum infer. ejusque ac jurium et pertinenciarum ipsius.. possessionem apprehendere et retinere in usus proprios dicte mense, non obstantibus.. : ita tamen quod loco dicti decanatus
idem dom. episcopus unum archipresbiteratum teneatur
constituere et dotare in ecclesia predicta Gracionopol., prout
hec omn. et sing. in dict. licteris apostolicis plenius continentur. Verum cum prefatus decanatus inferior nuper vaca-
verit, prout idem d. episcopus exposuit et dixit, per trans-
lacionem ven^{tis} et rel^{si} viri dom. Guigonis de Comeriis, canonici ecclesie Gracionopol., ultimi decani predicti decanatus infer., de ipso d. Guigone factam a predicto decanatu
infer. ad decanatum majorem ecclesie Gracionopol. et per
assequtionem ipsius decanatus, ipseque d. episcopus, ut dixit, auctoritate apostolica supradicta et vigore annexionis et
unionis predicte dict. decanatum inferiorem St Andree in
Sabaudia...possessionem corporalem reciperit et habuerit
ac in usus proprios dicte mense episcopalis Gracionop. re-
tinuerit, habeat, teneat, retineat et possideat pacifice et
quiete; idcirco prefatus d. episcopus volens, ut dixit, tanquam obediencie filius mandatis apostolicis obedire, auctoritate apost. sibi in hac parte concessa, loco predicti decanatus infer. St Andree creavit et de novo constituit in ecclesia
Gracionopol. pro divino cultu ibidem observando unum archipresbiteratum ad instar alterius aliorum duorum archi-
presbiteratuum in ipsa ecclesia existencium, cujus collacio,
provisio et omnimoda dispositio ad ipsum dom. episcopum
et ejus successores pertineat insolidum pleno jure. Cui qui-
dnm archipresbiteratui et archipresbitero pro tempore ipsius...canonice instituendo prefatus d. episcopus constituit,
assignavit pro dote et pro substentatione ipsius eumque do-
tavit de bonis dicti decanatus infer. ut sequitur : in primis
assignavit eidem.. et constituit ex nunc pro dote visitationes et procurationes quas decanus pro tempore dicti decana-

tus ab ecclesiis (-siarum?) rectoribus infra limites dicti decanatus existentibus consuevit percipere et levare.., absque tamen jurisditione aliquali, quam idem d. episcopus sibi
et successoribus retinuit expresse..; item constituit et pro
dote assignavit eidem..omnes et singulas paratas et omnia
et sing. que prefatus decanus inferior pro paratis huj⁴¹..
consuevit percipere et habere et prout ad eundem pertine-
bant; item ecclesiam de Montagniola, cum ipsius ecclesie
decimis et jure patronatus, videl. presentandi eidem d. episcopo ad curam animarum ejusdem ecclesie cum locus fuerit
vicarium ydoneum per ipsum d. episcopum et successores
ejusdem ad presentationem huj⁴¹ instituendum vel institu-
tum destituendum, si casus occurreret destitutionis, salvis
et retentis eidem d. episcopo et ejus successoribus juribus
episcopalibus in ecclesia antedicta et in vicario pro tempore
ipsius; item constituit et assignavit eidem .. sex vaysellos
frumenti et sex vaysellos avene ad mensuram castri Marchia-
rum et sex sestaria vini ad eandum mensuram, que prefat.
decanus inferior consuevit percipere et habere in parrochia
Beate Marie de Myans, mandamenti castri predicti : que
omnia et sing. idem d. episcopus assignavit et pro dote constituit prefat. archipresbiteratui et archipresbitero...perpe-
tuo habenda, tenenda, exhigenda, levanda et possidenda.
De quibus...Acta fuerunt hec Gracionopoli, in parva aula
domus episcopalis, presentibus viris religiosis et discretis
d l. Petro priore de Garda, Francisco priore de Bassino, Petro priore de Intermontibus, necnon et dd. Johanne Magni-
ni, curato Sancti Leodegarii Chamberiaci, Guigone curato
Sancti Georgii in Sabaudia, Antelmo curato de Cuiranna,
Guigone curato de Escoblaniz, Johanne curato de Buxia,
Petro curato Sancti Petri castri Chamberiaci, Petro curato
Cartusie, Petro curato Chamberiaci Veteris et pluribus aliis
testibus ad premissa vocatis et rogatis.

Et ego Guillelmus Barberii de Bonavilla clericus, Gebennensis dyocesis, imperiali auctoritate publicus notarius,...

Et me Stephano Baboloni de Sancto Georgio in Valdenia,
Viennensis dyocesis, auctor. imper. notar. publ.

(1) Cart. copie d'Aim. de Chissé, f° v° xxxiij (n° 56 de la Not.); à la
fin : *Facta collacio.*

XXIV.

Confirmatio papalis libertatis ecclesiis concesse[1].

4 janvier (1350 ou plutôt 1386).

Clemens episcopus, servus servorum Dei, ad perpetuam rei memoriam. Hiis que in favorem juridicionis ecclesiastice laudabiliter facta sunt, ut illibata consistant libenter adicimus apostolici muniminis firmitatem. Nuper siquidem quibusdam licteris quondam nobilis viri Humberti dalphini Viennensis, ejus sigillo sigillatis, nonnulla ordinaciones, concessiones et statuta per eundem Humbertum dum ageret in humanis edita supplicationeque ipsius Humberti pro confirmacione illorum a sede apostolica obtinenda continentibus, prout in eisdem licteris quarum tenorem de verbo ad verbum presentibus inseri fecimus plenius continetur, nobis exhibitis, nonnulle persone ecclesiastice nobis humiliter supplicarunt ut premissis ordinacionibus, concessionibus et statutis juxta supplicationem predictam ipsius Humberti robur confirmationis adicere de benignitate apostolica dignaremur; Nos igitur actendentes quod premissa in favorem juridicionis prefate facta sunt, hujusmodi supplicationibus inclinati prefata ordinaciones, concessiones et statuta auctoritate apostolica ex certa sciencia tenore presencium confirmamus et presentis scripti patrocinio communimus. Tenor autem dictarum litterarum talis est : « Humbertus dalphinus[2] .... d. penult. m. sept. an. Dom. M°CCC°XXXIIII° ». Nulli ergo omnino hominum liceat hanc paginam nostre confirmacionis et communionis infringere..; si quis...Datum Avinione, ii. nonas januarii, pontificatus nostri anno octavo.

Auscultata, cum registro : Johannes de Pestello ; et concordat : H. Obertus. Constn. et gratis ubique de mandato : P. Remberti.

(1) Cartul. copie p'Alm. de Chissé, f° lxvilj (n° 60 de la Not.) ; à la fin : Collacio (facta) est cum (originale), A. Galicie, A. Actiherti.

(2) Voir le texte dans Valbonnais, Mém., p. 274 ; Hist., t. II, p. 204-5.

XXV.

Absolutio officiariorum domini de Intermontibus[1].

20 septembre 1370.

In nomine Domini nostri Jhesu Xpisti, amen. Per hoc pres. publ. instrumentum cunctis tam present. quam fut. appareat evidenter et fiat notorium ac eciam manifestum quod, cum olim Jaquemetus Ysnardi, mistralis Cartusie et de Intermontibus pro nobili et potenti viro dom. Johanne de Montebello, domino de Intermontibus, et Jaquemetus Cruci alias Vella, famulus dicti mistralis, una cum pluribus eorum complicibus nomine et ex parte dicti domini de Intermontibus, ut dicebatur, plura dampna pluresque injurias et offensas fecissent revᵈᵒ in Xpisto patri et domino dom. R(odulpho), Dei gracia episcopo Gracionopolitano, et sue ecclesie Gracionop. ac hominibus suis de Sancto Prancacio, videl. quod plures homines dicti dom. episcopi de dicto loco Sancti Prancacii et plura animalia eorumdem et plurium aliorum hominum dicti loci predicti dom. episcopi in eodem loco et infra parrochiam Sancti Pancracii ac infra mandamentum et jurisdictionem Sanctorum Ylarii et Pancracii eidem. dom. episcopo pertinentes per vim et violenciam voluntarie et de facto cepissent tam de die quam de nocte, terram ipsius dom. episcopi hostiliter vi armata intrando et depredando, nulla causa racionabili nec legitima precedente, ut dicebatur, pro parte dicti dom. episcopi, ipsosque homines et dicta animalia captos et capta duxissent apud Cartusiam et apud Intermontes, ubi eos et ea detinuissent arrestata in grande prejudicium et dampnum dicti dom. episcopi et sue ecclesie ac suorum hominum predict.; super quibus gentes dicti dom. episcopi, de consensu et voluntate ejusdem, et gentes dicti domini (de) Intermontibus, eciam de concensu et voluntate ipsius, se compromiserunt alte et basse cum deppendentibus et emergentibus ex predictis in venᵏᵉᵐ patrem dom. Guillelmum priorem Majoris domus Cartusie, tamquam in arbitrum arbitratorem et amicabilem compositorem... Hinc est quod anno a Nativitate Domini millᵒ trescentesimo septuagesimo, indictione octava cum eodem anno sumpta et die vicesima mensis septembris, predicti Jaquemetus Ysnardi et Jaquemetus Cruci alias Vella, insequendo et adimplendo ordinacionem super hoc factam per dict. dom. priorem Cartusie... volentesque ipsam actendere, observare et complere, venerunt apud Sanctum Ylarium versus dictum dom. episcopum, cum dompno Nicholao Lussenteni, vicario dicte Majoris domus Cartusie; qui quidem dompnus Nicholaus, nomine et ex parte dicti dom. prioris Cartusie..., dict. Jaquemetum Ysnardi et Jaquemetum Cruci presentavit eidem dom. episcopo, in presencia mei notarii publ. et testium infrascript., in tali habitu : videl. dict. Jaquemetum Ysnardi existentem sine capucio, zona et sotularibus, et dict. Jaquemetum Cruci existentem totum nudum et decalciatum, exceptis camisia et femoralibus seu brachis, et unam colliam in collo habentem ; qui quidem Jaquem. Ysnardi et Jaquem. Cruci, in tali habitu existentes genibusque flexis et manibus junctis, pecierunt misericordiam, veniam et remissionem de predict. offensis dicto dom. episcopo, eidem humiliter supplicando quatenus eisdem velit parcere et indulgere de offensis, dampnis et injuriis sibi et dict. suis hominibus per eos factis et illatis; qui quidem dom. episcopus respondit quod ipse plenariam potestatem de premissis dedit dicto dom. priori Cartusie, arbitro et arbitratori prenom., et quicquid ipse ordinavit et ordinaverit habet pro facto et ordinato et suam ordinacionem vult totaliter observare. De quibus...Acta fuerunt hec apud Sanctum Ylarium predict., infra cappellam castri dicti dom. episcopi, presentibus dicto dompno Nicolao Lussenteni, vicario predicto, nobilibus Petro de Chissiaco, filio dom. Girardi de Chissiaco militis, Gebennensis diocesis, Francisco de Asperis, Vapincen. diocesis, Anthonio Cornerii de Chamberiaco et Michaele Scormelli, habitatore dicti loci, Gracionopol. dyocesis, testibus ad premissa vocatis specialiter et rogatis.

Et me Guillelmo Surrelli de Morerio, Gracionopol. diocesis clerico, publ. imper. auctor. notario et curie officialatus Gracionopol. jurato...

(1) Cartul. copie d'Alm. de Chissé, f° xiiii** iij (n° 72 de la Not.).

XXVI.

CONFIRMATIO UNIONIS DECANATUS' FACTE DOMINO NOSTRO NUNC
EPISCOPO GRATIONOPOL. PER FE. RE. DOM. CLEMENTEM
PAPAM VII^{um} ².

23 MARS (1388).

CLEMENS episcopus, servus servorum Dei, dilecto filio Aymoni electo Gracionopolitano, salutem et apostolicam
benedictionem. Sincere devocionis affectus, quem ad nos et
Romanam geris ecclesiam, promeretur ut peticiones tuas,
illas presertim que tuam ac mense episcopalis Gracionopolit.
utilitates et commoda respiciunt, ad exaudicionis graciam
admictamus. Dudum siquidem felicis recordacionis Clemens
papa VI, predecessor noster, ex certis racionalibus causis
decanatum Sancti Andree in Sabaudia, tue diocesis, consue-
tum alias per canonicos ecclesie Gracionopol. gubernari et
ad collacionem episcopi Gracionopolit. pro tempore existen-
tis pertinentem, eidem mense perpetuo per suas licteras an-
nexuit et univit; et deinde, sicut exhibita nobis pro parte tua
petitio continebat, licet annexio et unio huj^{di} effectum plenum
sortite ipseque decanatus racione dict. annexionis et unionis tam per nonnullos predecessores tuos quam per bone
memorie Rodulphum archiepiscopum Tharentasiensem, tunc
episcopum Gracionopolit., longo tempore pacifice possessus
extitisset, tamen dilecti filii cappitulum ejusdem ecclesie
contra eumdem Rodulphum episcopum super decanatu predicto et ejus occasione litem et questionis materiam susci-
tarunt, et tandem prefati Rodulphus episcopus et cappitulum pro bono pacis et concordie in quondam Jacobum Clu-
niacensem, tunc Sancti Theophredi, ordinis sancti Benedicti, Matisconen. et Anicien. diocesium, monasteriorum
abbatem, tanquam in arbitrum arbitratorem et amicabilem
compositorem, super premissis compromictere curaverunt;
qui, auditis hinc inde propositis ac visis et diligenter ins-
pectis huj^{di} cause meritis, arbitratus est quod idem Rodulphus episcopus quamdiu eidem ecclesie presideret decanatum eundem vigore unionis huj^{di} tenere et possidere debe-

ret et quod, in casu quo ipse Rodulphus episcopus ad aliam
ecclesiam transferretur vel episcopus Grationopolitanus esse
desineret, decanatus predictus ad statum prestinum reverteretur et per eosdem canònicos gubernari deberet. Et subsequenter cum de ipsius Rodulphi Tarentasiensi ac de ven^{lis}
fratris nostri Francisci archiepiscopi Aralatensis, tunc electi
Gracionopolitani, Gracionopolitane ecclesiis tunc vacanti-
bus personis providissemus, nos dictum decanatum eidem
mense per nostras litteras incorporavimus et univimus, et
tandem prefatum Franciscum a vinculo quo eidem Grationopolitane ecclesie, cui tunc preerat, tenebatur absolventes,
ipsum ad Arelatensem ecclesiam tunc vacantem transtulimus
et de persona tua eidem ecclesie Grationopolitane duximus
providendum. Cum autem, sicut eadem peticio subjungebat,
ab aliquibus asseratur incorporationem et unionem nostras
huj^{di} expirasse et propter ea dubites super dicto decanatu,
quem, ut asseris, incorporacionis et unionis predict. vigore
tenes et possides pacifice et quiete, imposterum molestari;
nos volentes tibi super hoc de opportuno remedio providere,
tuis in hac parte supplicacionibus inclinati, decanatum ipsum cum omnibus juribus et pertinenciis suis mense episcopali predicte auctoritate apostolica imperpetuum incorpo-
ramus, annecimus et unimus, ita quod liceat tibi et successoribus tuis episcopis Grationopolitanis qui fuerint decanatum huj^{di} retinere ejusque fructus, redditus et proventus in
tuos et dicte mense ac eorumdem successorum usus conver-
tere : non obstantibus quibuscumque constitucionibus apostolicis ac statutis et consuetudinibus ipsius ecclesie contra-
riis..., aut si aliqui super provisionibus sibi faciendis de
huj^{di} decanatibus ac dignitatibus, personatibus vel officiis
in dicta ecclesia speciales vel aliis beneficiis ecclesiasticis
in illis partibus generales apostolice sedis vel legatorum ejus
licteras impetrarint..., et quibuslibet privilegiis, indulgenciis et licteris apostolicis generalibus vel specialibus...;
proviso quod dictus decanatus debitis non fraudetur obse-
quiis, sed supportentur debite ipsius onera consueta : nos
enim exnunc irritum decernimus et inane si secus super

hiis a quoquam quavis auctoritate scienter vel ignoranter contigerit actemptari. Nulli ergo... nostre incorporacionis, annexionis, unionis, voluntatis et constitucionis..; si quis ...Datum Avinioni, x kalendas aprilis, pontifficatus nostri anno decimo. Jo. Ludovici.

(1) En marge : *Yma est unio, incorporacio et annexacio.*

(2) Cartul. copie d'Aim. de Chissé, f° v° xxxvj (n° 57 de la Not.) ; à la fin : *Facta collacio.*

www.ingramcontent.com/pod-product-compliance
Lightning Source LLC
Chambersburg PA
CBHW052155090426
42741CB00010B/2284